統計学で当てる！
ロト・ナンバーズ完全的中BOOK

著 大谷清文

秀和システム

はじめに

「大切なことは大志を抱き、それを成し遂げる技能と忍耐を持つことである。その他はいずれも重要ではない」

これはドイツの文豪・ゲーテが、人生と仕事で成功を収めるためのポイントを語ったものです。この言葉は人生や仕事において人は目標や夢を抱くものであり、目標や夢を実現させるために、何が重要なのかを私たちに教えています。

この名言は宝くじで高額当選を射止めるためは何をすべきか、すなわち、高額当選への教訓ともいえるのではないかと思っています。ジャンボ宝くじやロト6、7は、億を超える当選金を受け取るチャンスがあります。確かに当選確率は低いですが、当選している人は現実にいます。宝くじの中でもロト6や7は、自分で数字を選択できるため、過去の当選数字を分析し、複数回の高額当選金を射止めている猛者も存在します。

どうしてそんなことが可能なのでしょうか。それは当選数字の流れを読み、また数字が持つ不思議な世界を理解しているからだと思っています。

多くの人たちは、当選数字は「抽選なのだから、当選数字の予測なんてできない」と考えています。しかし本当にそうでしょうか。当選数字は抽選によって決定されますので、どの数字も平等に当選数字として現れるはずです。サイコロを振ったとき、1の目が出る確率は1／6です。6回程度振っただけでは目の偏りはあるものの、数万回振り続けたときの出目の分布は、1の出目も出現確率は1／6に近づいていきます。

私はこの確率の原理原則をもとに統計学の考え方を応用すれば、当選数字を予測することができるのではないかと考えたのです。天気予報や迷惑メールの振り分け、ネットショップから送信される「おすすめ商品」など、私たちの日常生活で統計学はさまざまな場面で使われています。過去のデータをもとに分析し、新しいデータが追加されるとさらに分析を繰り返していきます。最近よく耳にする「ＡＩ」も統計学を応用したものです。

ロトやナンバーズも、天気予報や迷惑メールの振り分けと同じように統計学を応用すれば、当選数字を予測できるのではないかというのが私の考え方です。

本書を読んで、ひとりでも多くの人たちが当選金を手にし、億を超えるような高額当選金をＧＥＴできたなら、これ以上の喜びはありません。ナンバーズやロトは買わなければけっして当選金を受け取ることはありません。チャレンジあるのみです！

２０２３年　一粒万倍日　大谷清文

第6207回ナンバーズ当選数字
ナンバーズ3 746 セットボックス 7900円

第6264回ナンバーズ当選数字
ナンバーズ3 558 セットボックス 1万3700円

第1251回ミニロト当選数字
03 04 05 30 31 (17) 4等 1000円

＊解説は第5章参照

実際に著者が当選したくじ

第6140回ナンバーズ 当選数字
ナンバーズ3 514 セットボックス 6100円

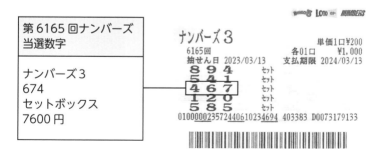

第6160回ナンバーズ 当選数字
ナンバーズ3 145 セットボックス 5300円

第6165回ナンバーズ 当選数字
ナンバーズ3 674 セットボックス 7600円

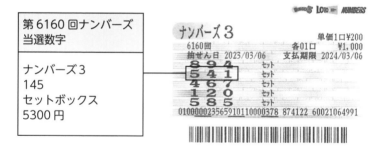

統計学で当てる！ ロト・ナンバーズ完全的中BOOK　目次

第1章 数字選択式宝くじとは

第2章 高額当選へ至る基本・統計学を知れ！

第3章 「一点突破法」で注目数字を決めろ！

第4章 ナンバーズ4完全攻略法

第5章 ミニロト完全攻略法

第6章 ロト6完全攻略法

第7章 ロト７完全攻略法

第8章 金運アップでさらに的中率を上げろ！

カバーデザイン：Q.design
校正：ペーパーハウス

プロローグ

宝くじを買う前に これだけは 知っておこう

数字と上手に付き合うと運気が上がる

現在私たちが使っている数字は、アラビア数字と呼ばれるもので、その原型は今から2000年程前、インドで生まれました。しかしその頃の数字には「0」という概念がなく、「0」の存在を明確にしたのは、インドの数学者であるブラフマグプタ（598〜665年頃）です。その後、数字は形を変えながら現在の形になり、0から9までの10個の数字は、私たちの生活にはなくてはならない存在になったのです。

私は、数字には不思議な力が秘められていると考えています。日本では「陰陽道《おんみょうどう》」の考え方から奇数が縁起の良い数字とされてきました。奇数を重ねた日、3月3日（桃の節句）、5月5日（端午《たんご》の節句）、9月9日（重陽《ちょうよう》の節句）など、「五節句」が、奇数が重なった日付なのはそのためです。

九星気学という言葉を聞いたことがあるかと思います。この世の中には9つの「気」が循環しており、誰もが生まれた瞬間にその「気」を受け取ります。「一白水星」や「二黒土星」というようなものがそれです。ここにも「一」や「二」という数字が使われており、運気と数字は密接な関係があることがわかります。

ここで大切なことは、自分にとっての幸運を呼び込む数字を知ることです。そしてそれを信じ続けることです。過去を振り返ってみて、良いことがあったことを思い出してください。そこから特定の数字がイメージされることがありませんか？　もし浮かべば、その数字は自分自身にとって、幸運を呼び込む数字の可能性があります。自分の誕生日や九星気学から、幸運を呼び込む数字を決めるのも良いでしょう。

数字は人々にとって色々な影響を与えるものです。自分にとって運気の巡り合わせの良い数字を知ることは、数字選択式宝くじを的中させるためには大切な要素だと考えています。年末ジャンボのような宝くじでは、自分の好きな番号を購入することは難しいものですが、ナンバーズやロトの世界ではそれが可能です。

当選数字には運気と同じように流れがあります。数字の動きの傾向を察知できれば、高額当選GETへの道も開けるのではないでしょうか。

自力で当たりを引き寄せられる　数字選択式宝くじ！

ロトやナンバーズは「数字選択式」と銘打っているように、購入者が自分で数字を選択することが可能な宝くじです。**購入者が自分で数字を選択できるということは、過去の当選数字を分析することによって、当選金を自分に引き寄せることができると考えています。**4～5ページには、私が実際に数字選択式宝くじで当選金を得た、ナンバーズなどの当選券のコピーの一部を載せておきました。過去の当選数字を分析するだけで、当選金をGETできるのです。

宝くじには税金がかかりません。競馬をはじめとした公営ギャンブルは高額配当を受け取ると税金がかかります。JRAで発売されている5つのレースの1着をすべて的中させる「WIN5」では、5億円を超える高額配当金が飛び出しています。当然この5億円は課税対象になります。しかしジャンボ宝くじで1等7億円が当選しても、その7億円には税金がかかりません。つまり丸々自分の懐に入るしくみです。

数字選択式宝くじの中で、7つの数字を的中させる「ロト7」では最高当選金が10億円です（キャリーオーバーのとき）、6つの数字を的中させる「ロト6」でも6億円もの高額当選金が望めます（キャリーオーバーのとき）。

第4章以降で詳しく説明しますが、キャリーオーバー、すなわち1人も当選者がいないときの当選番号には特徴があります。ナンバーズ3や4にも、高額当選金が飛び出す当選番号には特徴があります。

機械におまかせ、クイックピックのように運まかせに数字を選択したり、適当に数字を選んで購入したりしても当選することはあるでしょう。しかし簡単に高額当選金をGETできるほど、数字選択式宝くじは甘いものではありません。裏を返せば、簡単に当たらないから高額当選金になるのです。このようなロトやナンバーズの世界ですが、高額当選金を何度も射止めている人がいます。その人たちの多くは、自分自身で数字を選択して購入しています。なかにはくじを購入する場所や日付など、運気を呼び込むための工夫をしている人もいます。

私は、幸運は自分の手でつかみ取れると考えています。運気と上手に付き合うことは、ロトやナンバーズを攻略する上では重要な要素のひとつではないでしょうか。

当選金の大きさと夢の大きさは比例する！

2023年の年末に発売されている「ジャンボ宝くじ」の1等当選金は7億円、前後賞を合わせると10億円というビッグなものです。今まで発売されているジャンボ宝くじでは最高の当選金です。数字選択式宝くじのなかで、一番高額当選金が狙えるのは「ロト7」で、キャリーオーバーのときには1等当選金の最高額は10億円となっています。

宝くじの前身は1945（昭和20）年に1枚10円、1等賞金10万円で発売された「富くじ」と呼ばれるものです。軍事費の調達をするのが目的とされていました。宝くじ公式サイトによりますと、その宝くじは「勝札《かちふだ》」と呼ばれ発売されましたが、8月25日の抽選日の前に終戦になってしまい、皮肉にも「勝札」は「負札《まけふだ》」となってしまいました。その年10月には「富くじ」は名称を変え、第1回「宝くじ」の発売を迎えることになったのです。その後1等当選金額は増え続け、1966（昭和41）年には1000万円になりました。売り場に行列ができはじめたのはその頃からです。1976（昭和51）年の年末ジャンボ宝くじの人気はすさまじく、各売り場には人々が殺到し、福岡市や松本市では不幸にも、1人ずつの死者が出たほどです。筆者も後楽園球場（現・東京ドーム）へ宝くじを求めて行った記憶がありますが、とても売り場に近づけない状態であったのをハッキリ覚えています。これがきっかけとなり、翌年からは往復はがきによる予約制に変わり、さらには現在のようにユニット式（1千万枚や2千万枚をひとつの単位にする方式）にして多くの人たちが楽しめるようになったのです。

現在では億を超える高額賞金をGETすることが可能な宝くじやロトですが、賞金が高額になればなるほど、夢の大きさもそれに比例して、より大きなものになると思っています。宝くじはよく「夢を買うくじ」と呼ばれています。その夢を現実のものにするには、前項でも申し上げましたが、「運気」と上手に付き合わなければなりません。

高額当選くじがよく出る、東京都「西銀座チャンスセンター」の「1番窓口」に、多くの人たちが並んだり、大安や一粒万倍日など、運気の良い日を選んで宝くじやロトくじなどを購入したりするのも、「運気」を呼び込むひとつの方法でしょう。

売り場や日付、自分のラッキーナンバーなどなど、少しでも運気を呼び込む努力をすることは、高額当選への第一歩ではないでしょうか。

宝くじに関する日本の法律を知っておこう

宝くじは「当せん金付証票法」（通称：宝くじ法）という法律によって、1等の当選金が決められています。通常の宝くじの最高当選金額は額面金額の50万倍が上限です。

つまり1枚100円の宝くじは、1等賞金5000万円までとなります。

ジャンボ宝くじやロト7やロト6のような数字選択式宝くじは、総務大臣の指定により250万倍までと決められています。つまり1枚300円の年末ジャンボ宝くじの場合では、最高金額は7億5000万円となる計算です。2023年末に発売されるジャンボ宝くじは、10億円が当たる宝くじです。1等当選金は7億円、前後賞1億5000万円の2本の合計で10億円になる計算です。1枚のくじで最高金額である250万倍、7億5000万円を超えていないので法律に定められた金額の範囲内ということになります。

机上の計算では、300円のくじでしたら、1等賞金、前後賞の当選金をすべて上限額の7億5000万円に設定すれば、22億5000万円くじの誕生も可能となります。

ロト7やロト6のような数字選択式宝くじの場合は、1人も1等の当選者がいないことがよくあります。そのようなケースでは、支払われる予定の当選金を次回に上乗せして発売することになります。

すなわちキャリーオーバーと呼ばれるケースです。年末ジャンボ宝くじはキャリーオーバーがありません。キャリーオーバーのしくみがあるものは法律上、「加算型当せん金付証票」となり、1等当選金の上限金額は500万倍までとなります。ですから1枚300円のロト7の1等の上限当選金額が10億円なのは500万倍以下のため合法なのです。

つまり現在の法律では、1枚300円の宝くじでは1等の上限は7億5千万円ですから、いくら前後賞を合わせても30億円といった宝くじは発売できないことになります。

スポーツ振興くじも「スポーツ振興投票の実施等に関する法律」のもとに発売されているため、1枚300円で発売されている「MEGA BIG（メガビッグ）」も、キャリーオーバーのない場合では1等の上限金額は7億円（250万倍以下）、キャリーオーバーが発生しているケースでは12億円（500万倍以下）となります。

またスポーツ振興くじは宝くじと同様に、どんなに大きな金額に当選しても税金がかかることはありません。

宝くじには時効があることを忘れてはいけません。

宝くじの時効は当選金支払い開始日から1年間です。時効になった宝くじの当選金は通常の収益金と同様に、すべて発売元である都道府県などや指定都市に納められて公共事業などに使われることになります。

2021（令和3）年の時効当選金の合計額は112億円と宝くじ公式サイトに発表されました。112億円は宝くじの販売総額の8160億円に対し、約1・37％になると書かれていました。その中には4億円以上の当選くじもあり、1億円以上の当選金は15本もあるというのですから驚きです。

さて当選している宝くじを拾った場合の時効はどうでしょうか。

遺失者が判明しなかった場合、通常の拾得物が拾得者のものになるのは3カ月後と定められています。その間に時効を迎えることも考えられます。そのようなケースでは宝くじはいったん警察署によって換金され、拾得物の権利が拾得者に移ったときに渡されるという決まりになっています。これは1954（昭和29）年に改正されました。

改正された理由は戦後、大阪の岸和田市で拾われた宝くじが、拾得者の権利になる前に時効になった事件があったからです。

「よく当たりが出る店」で買うのが高額当選への鉄則だ

1等の当選金額が高額のジャンボ宝くじが年に何回か発売されます。特に年末のジャンボ宝くじは人気が高く、宝くじを求めて行列を作っている姿がよくテレビなどで紹介されています。

行列ができる店は「よく当たる店」と思われがちですが、本当にそうでしょうか。**くじ自体の当選確率は同じですから、発売される店によって、宝くじそのものの当選確率が変わることはありません。**

しかし、A店で数多くの1等の宝くじが発売されたら人々はどう感じるでしょうか。多くの人たちはこのA店は1等の当選確率が高いと思い込むことになり、どうせ買うならA店で購入しようという気持ちになり、A店に人々が集まることになります。

するとどうなるでしょうか。

人が集まれば、それだけ多くの人たちの手に、その売り場から宝くじが販売されることになります。A店で発売される宝くじの枚数は発売回ごとに増えていきます。発売枚数が増えるわけですから、それに比例して1等の当選確率はアップすることになります。

発売枚数が増えれば1等以外の当選くじ、すなわち多くの高額当選くじが発売されることにもつながります。

A店に多くの高額当選宝くじが発売されることが流布されると、多くの人たちがA店に集まり、さらに発売枚数が増え、それに比例してまた高額当選金の当選確率もアップしていくというわけです。**A店は高額当選宝くじ売り場のスパイラルに突入です。**

数多くの高額当選金くじを発売した代表的な売り場として有名なのが、関東では東京都の「西銀座チャンスセンター」、関西では大阪府の「大阪駅前第4ビル特設売場」です。

このような売り場は高額当選のスパイラルに突入した店といっていいでしょう。つまり「よく当たる店」となっているわけです。

しかし宝くじの当選確率はなんら変わりありません。厳密にいえば、**「西銀座チャンスセンター」や「大阪駅前第4ビル特設売場」は高額当選宝くじが「よく当たる店」ではなく、「よく当たりが出る店」なのです。**

私は「よく当たりが出る店」での購入をお勧めします。枚数が多いから高額当選が多いのは当たり前だと思わないでください。

自分がよく購入している店で高額当選が出なかったとしましょう。それはすなわち、当たりくじがその売り場にはなかったことになります。

つまり当選確率は0％だったのです。

0％の売り場で買うよりは、たとえ発売枚数が多くても、高額当選宝くじが発売されている売り場で買う方が、高額当選に近づくのではないでしょうか。

数字選択式宝くじでは、後ほど詳しく説明しますが「クイックピック」という機械まかせの購入方法があります。

「クイックピック」方式で数字選択式宝くじを購入する際も、私は「よく当たりが出る店」での購入をお勧めしています。

また年末ジャンボ宝くじなどで、「よく当たりが出る店」は良い運気、すなわち幸運が訪れている店だとも思っています。「クイックピック」方式ではなく、自分で数字を決め、ロトやナンバーズを購入するときも、「よく当たりが出る店」で購入することを勧めております。**もともと金運が集まっている売り場で購入することにより、自身の運気を売り場の運気により、上昇させることができると考えているからです。**

誰でも運気をアップさせることはできる！

高額当選した人の話を聞くと、とても科学では解明できないような、摩訶不思議な行動で的中させています。それが1人や2人というようなまれな出来事でしたら気にもしないのですが、そうではないのです。次項で紹介する縁起のいい日に宝くじを購入したり、風水などで幸運の方角を調べ、その方角にある売り場で買い求めたりする人たちも見かけます。**1等当選がよく出る売り場を選んで購入する人も少なくありません。つまり「運気」を上昇させたり、「運気」を引き寄せたりしようとしているのです。**

私は運気を上昇させたり、引き寄せたりする方法として、「人に感謝する」「人のためになる行いをする」「人に迷惑をかけない」の3つの柱が重要だと考えています。今の世の中、自分だけがよければいいと考えている人がいます。現実に人を陥れてお金を騙し取っている人もいます。このような人たちにはけっして「良い運気」が巡ってきません。長い目でみれば不幸せな人生を送ることになるでしょう。

九星気学の中で「祐気取り《ゆうきとり》」というものがあります。自分にとっての吉方位へ出かけ、運気を高めるというものです。「祐気取り」の方法の中で、他人のために何かしらの行動を起こすと、運気をアップさせることにつながるといわれています。

電車の中で高齢者に席を譲ったり、困っている人を見かけたら助けてあげたりするなど、自分にとってできる範囲の簡単なものでいいのです。

人はひとりでは生きていくことができません。誰かの手助けを借りながら生きているのです。ですから常に人への感謝の気持ちも忘れてはいけません。感謝の気持ちを行動に起こし、人にためになる行いを意識し行動することは、自分の運気を上げることにつながるのです。自分勝手なふるまいや他人に迷惑をかける行為は言語道断です。

このように「人に感謝する」「人のためになる行いをする」「人に迷惑をかけない」の3つの柱を意識することは、宝くじで高額当選金を手にするには、最低限必要なことだと考えています。また、**高額当選金を狙うのであれば、お金も丁寧に扱わなければなりません。私は常にお金の向きを揃えて財布に入れることを心がけています。**財布の中にレシートや割引券などが乱雑に放り込まれている人を見かけますが、財布の中は常にきれいにしておくことも、金運をアップさせる重要な要素のひとつであるのではないでしょうか。

宝くじを買うと高額当選につながる幸運日は存在する！

ジャンボ宝くじはもちろんですが、ロトやナンバーズを購入すると良い日があります。すなわち金運が良いといわれている日です。日本人にとって「こよみ」は日常生活に密着していいます。結婚式を挙げるなら「大安」の日、葬式をする場合は「友引」の日を避けるといった具合です。日本のこよみは、先人たちが長い年月を経て創り出した英知の結集なのです。こよみの中に、その日の「吉凶」がわかる「選日《せんじつ》」というものがあります。市販されている「こよみ本」には必ず記載されています。「行事欄」に書かれている場合が多いです。「選日」の中で金運がアップする、すなわち宝くじを購入すると良いとされている日があります。それが「天赦日《てんしゃにち》」「一粒万倍日《いちりゅうまんばいび》」です。

「天赦日」とは日本のこよみの中では最高の吉日であると考えられています。すべての神様が天に昇り、天がすべての罪を許す日です。この日に何か行動を起こすと成功するといわれていますので、宝くじを購入するには最高の日なのです。「天赦日」は年に5～7日程度しかありません。２０２４年では1月1日、3月15日、5月30日、7月29日、8月12日、10月11日、12月26日の7日です。

「一粒万倍日」とはひと粒の種がやがて稲穂のように数え切れないほどの粒になる、すなわち最初は小さなものでも万倍に大きくなるという意味があります。「一粒万倍日」には「成功を祈る」という意味もあり、この日も宝くじを購入するには適しています。こちらは年間60日ほど巡ってきます。よく宝くじ売り場で「本日は一粒万倍日」と掲げられているのはそんな理由があったのです。その中でも「最強の一粒万倍日」と呼ばれる日があります。それは「天赦日」と「一粒万倍日」が重なった日です。

２０２４年は1月1日、3月15日、7月29日、12月26日がそれにあたります。

他には12日ごとに巡ってくる「寅《とら》の日」も宝くじを購入するには適している日です。寅は長距離を移動しても戻ってくるという理由から旅立ちに良い日とされ、お金を使っても戻ってくるという意味合いから、金運がアップする日ともいわれているからです。

「最強の一粒万倍日」である２０２４年1月1日、3月15日、7月29日、12月26日の中では3月15日が「寅の日」です。この日は宝くじやロト、ナンバーズなどを購入するには、これ以上ない最良の日なのです。

3月

日	月	火	水	木	金	土
					1	2 △
3 ○	4	5	6	7	8	9
10 △	11	12	13	14	15 △○◎	16
17	18	19	20	21	22 △	23
24	25	26	27 △○	28	29	30
31						

4月

日	月	火	水	木	金	土
	1	2	3	4 △	5	6 △
7	8 ○	9 △	10	11	12	13
14	15	16	17	18 △	19	20 ○
21 △	22	23	24	25	26	27
28	29	30 △				

7月

日	月	火	水	木	金	土
	1 ○	2	3	4 △	5 △	6
7	8 △	9	10	11	12	13 ○
14	15	16	17 △	18	19	20 △
21	22	23	24	25 ○	26	27
28	29 △◎	30	31			

8月

日	月	火	水	木	金	土
				1 △	2	3
4	5	6 ○	7	8	9	10
11 △	12 ◎	13	14	15	16 △	17
18 ○	19	20	21	22	23 △	24
25	26	27	28 △	29	30 ○	31

11月

日	月	火	水	木	金	土
					1	2 △
3	4	5 △	6	7	8	9
10 ○	11	12	13	14	15	16
17 △	18 △	19	20	21	22 ○	23
24	25	26	27	28	29 △	30 △

12月

日	月	火	水	木	金	土
1	2	3	4 ○	5	6	7
8	9	10	11	12	13 △	14 △
15	16 ○	17	18	19	20	21
22	23	24	25 △	26 △◎	27	28 ○
29	30	31				

2024年（令和6年）カレンダー

△…一粒万倍日　○…寅の日　◎…天赦日

1月

日	月	火	水	木	金	土
	1 △◎	2	3	4 ○	5	6
7	8	9	10	11	12	13 △
14	15 ○	16 △	17	18	19	20
21	22	23	24	25 △	26	27 ○
28 △	29	30	31			

2月

日	月	火	水	木	金	土
				1	2	3
4	5	6	7 △	8 ○	9	10
11	12 △	13	14	15	16	17
18	19 △	20 ○	21	22	23	24 △
25	26	27	28	29		

5月

日	月	火	水	木	金	土
			1	2 ○	3 △	4
5	6	7	8	9	10	11
12	13	14 ○	15 △	16 △	17	18
19	20	21	22	23	24	25
26 ○	27 △	28 △	29	30 ◎	31	

6月

日	月	火	水	木	金	土
						1
2	3	4	5	6	7 ○	8
9	10 △	11 △	12	13	14	15
16	17	18	19 ○	20	21	22 △
23 △	24	25	26	27	28	29
30						

9月

日	月	火	水	木	金	土
1	2	3	4 △	5	6	7
8	9	10	11 ○	12 △	13	14
15	16	17 △	18	19	20	21
22	23 ○	24 △	25	26	27	28
29 △	30					

10月

日	月	火	水	木	金	土
		1	2	3	4	5 ○
6 △	7	8	9 △	10	11 ◎	12 △
13	14	15	16	17 ○	18	19
20	21 △	22	23	24 △	25	26
27	28	29 ○	30	31		

Column 宝くじの起源は万里の長城を造るため

現在宝くじは世界各国で発売されていますが、一番古い宝くじは、紀元前200年頃の中国・漢の時代、万里の長城を建設する財源確保のために、劉邦《りゅうほう》の軍師を務めた張良《ちょうりょう》が実施した「白鳩票《しろはとひょう》」と呼ばれるものだといわれています。

宝くじが一般的に広まったのは16世紀初期のイタリアで、権力者が街を整備するための費用を調達するために発売され、フランスやドイツ、イギリスでも販売されるようになります。

日本の宝くじの起源は1624年（1575年という説もあり）、摂津国《せっつのくに》（現在の大阪府）の箕面山瀧安寺《みのおさんりゅうあんじ》で、正月の元旦から7日までに参詣した男女が、自分の名前を書いた木札を唐びつの中に入れ、7日の日に寺僧がキリで3回突き3人の当選者を選び、福運のお守りを授けたのが起こりとされています。

その後お守りは金銭の形となり、「富くじ」という形で、江戸時代の庶民の楽しみのひとつとして広まりました。これが日本の宝くじのルーツといえるでしょう。

第1章

数字選択式宝くじとは

数字選択式宝くじの種類とルールを知る

数字選択式宝くじは現在「ナンバーズ3（ミニ）」「ナンバーズ4」「ミニロト」「ロト6」「ロト7」「ビンゴ5」「着せかえクーちゃん」という7種類が発売されています。

「ナンバーズ3（ミニ）」「ナンバーズ4」は月～金曜日、「ミニロト」は毎週火曜日、「ロト6」は毎週月・木曜日、「ロト7」は毎週金曜日、「ビンゴ5」は毎週水曜日、「着せかえクーちゃん」は月～金曜日に当選番号の抽選が行われています。

つまり「数字選択式宝くじ」の抽選日は、

◆月曜日…ナンバーズ（ミニ）3＆4　着せかえクーちゃん　ロト6
◆火曜日…ナンバーズ（ミニ）3＆4　着せかえクーちゃん　ミニロト
◆水曜日…ナンバーズ（ミニ）3＆4　着せかえクーちゃん　ビンゴ5
◆木曜日…ナンバーズ（ミニ）3＆4　着せかえクーちゃん　ロト6
◆金曜日…ナンバーズ（ミニ）3＆4　着せかえクーちゃん　ロト7

ということになります。このように毎日のように抽選が行われ、毎日のように高額当選金にチャレンジできるのです。

抽選方法は「ロト6＆7専用抽選機（ミニロトも含む）」「ビンゴ用抽選機」、そしてナンバーズ（ミニ）＆4　着せかえクーちゃんの当選番号を決める「電動式風車型抽選機」の3つの方法があります。

◉ナンバーズ（ミニ）3＆4

ナンバーズ3は0～9までの3桁の数字を予想するくじです。ミニはナンバーズ3の下2桁の数字を予想します。

ナンバー4は0～9までの4桁の数字を予想するくじです。

ナンバーズ3や4には購入タイプに「ストレート」と「ボックス」があります。

ナンバーズ3の当選番号が「012」としましょう。「ストレート」とはそのままズバリの番号が当選となります。すなわち「012」以外の番号がすべて外れとなります。

「ボックス」とは、「012」が当選番号の場合、「012」に加え「021」「102」「120」「201」「210」というように「0」「1」「2」が順不同でも当選となります。このようにナンバーズ3では6種類、ナンバーズ4では24種類の当選番号があることになります。

ナンバーズ3＆4はこの他に「セット」というタイプがあります。1つの番号を購入するには、「ストレート」や「セット」は200円かかります。「セット」も1つの番号を購入するときには200円と変わりませんが、「セット」のタイプを選択すると、「ストレート」と「ボックス」の2つのタイプを同時に購入したことになります。

つまり「セット」タイプとは1つの番号を200円で購入することで、「ストレート」タイプと「ボックス」タイプの宝くじを購入したことになります。当選金は「ストレート」や「ボックス」の半分程度になります。

ただしナンバーズ3で「012」という番号を「セット」で購入し、当選番号が「012」の場合は「セット」タイプのストレートだけの当選金を受け取ることになり、「セット」の「ボックス」タイプの当選金は受け取れません。

購入方法ですが、自分で数字を選択せず機械まかせにして番号を購入できます。「クイックピック」という買い方です。これを選択すると、アトランダムに機械が番号を選択してくれます。

同じ番号はまとめて10口まで、同じ番号は最高10回までまとめて購入ができます。

ナンバーズには3と4の他に「ミニ」というタイプがあります。2桁の数字を当てるくじです。当選番号はナンバーズ3の下2桁と同じ数字が当選番号になります。「ミニ」タイプの宝くじもナンバーズ3＆4と同様に1口200円です。「ミニ」には「ボックス」タイプのような考え方はなく、当選番号はナンバー3の下2桁の1つだけです。

◉着せかえクーちゃん

着せかえクーちゃんは、宝くじ公式サイトからのみの販売となります。通常の宝くじの発売所では購入できません。

ルールは、「リンゴ」「ミカン」「メロン」「ブドウ」「モモ」という5つの絵柄の中から4個の絵柄を選びます。「リンゴ」「ミカン」「メロン」「ブドウ」が当選絵柄のとき、「リンゴ」「ミカン」「メロン」「ブドウ」の絵柄を順番とおりに選択した場合が1等となります。購入した絵柄が「リンゴ」「ミカン」「メロン」「モモ」の場合は、3個一致していますので2等となります。「リンゴ」「ミカン」「モモ」「モモ」でしたら2個一致していますので3等です。抽選はナンバーズ4と同じ抽選機を使いますが、ナンバーズ4の抽選とは別に抽選します。

着せかえクーちゃんの１口の購入金額は１００円です。選択した同じ絵柄は10口までまとめて購入することが可能です。また同じ絵柄は最高10回まで継続買いできます。

◉ビンゴ5

ビンゴ5の申込カードは【図Ａ】のように、８つにエリアが分けられています。真ん中はフリーとなります。ビンゴ５の１口の購入金額は２００円です。

８つのエリアにはそれぞれ「１～５」「６～10」「11～15」「16～20」「21～25」「26～30」「31～35」「36～40」の５つの数字が振り分けられ、それぞれのエリアからひと１つずつ数字を選びます。抽選は「ビンゴ抽選機」で行われ、それぞれのエリアからひとつずつ当選番号を決めます。

自分が選んだ数字と当選番号を比較し、ビンゴゲームと同じようにラインができているかを調べます。当選番号とすべて一致した場合は8ライン成立することになります。８ライン成立した場合は1等となります。６ライン成立した場合は2等です（性質上7ラインは存在しません）。５ライン成立のときが3等、４ライン成立していたら4等、３ラインでは5等、２ラインでは6等、１ラインでは7等となり、当選口数に応じて当選金が決め

図A

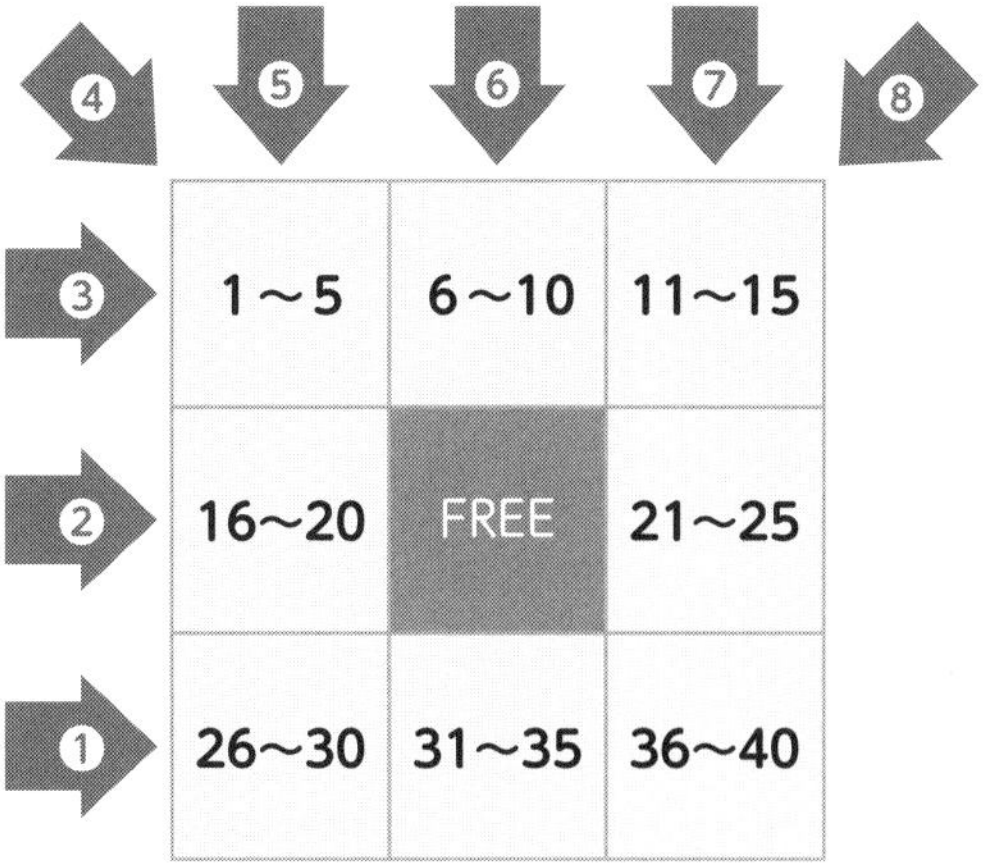

成立ラインはタテ・ヨコ・ナナメの計8ライン

られます。

◉ミニロト

1～31までの数字の中から5個の番号を選んで購入します。5個の番号が1口となり、1口200円で購入できます。

抽選は5個の本数字と1個のボーナス数字を抽選します。5個の本数字と購入した5個の数字が一致すれば1等の当選となります。5個の本数字のうち4個の数字が一致し、ボーナス数字とも一致すれば2等の当選となります。4個の本数字が一致していれば3等の当選です。3個の本数字と一致していれば4等の当選となります。

1回の申込カードで10口、同じ番号は5回まで継続して購入可能です。5個の数字は自分で選択しないで機械にアトランダムに選択してもらうこともできます（クイックピック）。この場合は申込カードを使わずに、宝くじ売り場で口頭で購入できます。

◉ロト6

1～43までの数字の中から5個の番号を選んで購入します。6個の番号が1口となり、1口200円で購入できます。

抽選は6個の本数字と1個のボーナス数字を抽選します。6個の本数字と購入した6個の数字が一致すれば1等の当選となります。6個の本数字のうち5個の数字が一致し、ボーナス数字とも一致すれば2等の当選となります。5個の本数字が一致していれば3等の当選です。4個の本数字と一致していれば4等の当選となり、3個が一致している場合は5等の当選となります。

1枚の申込カードで10口、同じ番号は5回まで継続して購入することが可能です。6個の数字は自分で選択しないで機械にアトランダムに選択してもらうこともできます（クイックピック）。この場合は申込カードを使わずに、宝くじ売り場で口頭で購入できます。

◉ロト7

1～37までの数字の中から7個の番号を選んで購入します。7個の番号が1口となり、1口300円で購入できます。

抽選は7個の本数字と2個のボーナス数字を抽選します。7個の本数字と購入した7個の数字が一致すれば1等の当選となります。7個の本数字のうち6個の数字が一致し、2個のボーナス数字のひとつとも一致すれば2等の当選となります。6個の本数字が一致していれば3等の当選です。5個の本数字と一致していれば4等の当選となり、4個が一致している場合は5等の当選となります。3個の本数字と一致し、さらに2個のボーナス数字の1個と一致すれば6等の当選となります。3個の本数字だけ一致しても当選とはなりません。

1枚の申込カードで10口、同じ番号は5回まで継続して購入することが可能です。7個の数字は自分で選択しないで機械にアトランダムに選択してもらうこともできます（クイックピック）。この場合は申込カードを使わずに、宝くじ売り場で口頭で購入できます。

そのほかに、宝くじの公式サイトだけで楽しめる「クイックワン」というくじがあります。「クイックワン」の特徴は、スクラッチくじと同じように、購入後、用意されたゲームに参加することにより、すぐに当たりかハズレかがわかる点です。スクラッチくじのネット版と思えばいいでしょう。

ゲームにチャレンジする1回の金額は100円、200円、300円、500円の4種類が用意されています。

「クイックワン」は毎回異なるゲームが用意されており、チャレンジする金額や当選金などはゲームによって異なります。

1等当選金でゲームを選択したり、1回のチャレンジ金額でゲームを選択したりと、楽しみ方は人それぞれです。

宝くじ公式サイトから24時間楽しむことが可能です。一度チャレンジしてみてはいかがでしょうか。

数字選択式宝くじの確率と期待値を知る

数字選択式宝くじの種類とルールは理解できたかと思います。数字選択式宝くじを攻略するには、相手の姿をしっかり知っておくことが大切です。宝くじは、「当せん金付証票法」という法律のもとで発売されていることはプロローグで紹介しました。それによると宝くじは売価の50％以内の金額を当選金に設定することができることになっています。

そのルールに従い、ナンバーズやロトなど数字選択式宝くじは、当選金は価の45％と決められています。つまり200円のナンバーズやロトくじは90円、300円のロト7は180円が当選金に充てられています。

ちなみに通常の宝くじは約45％を超えるものが多く、ジャンボ宝くじは法律ギリギリの50％に近い金額が当選金に充てられています。

これは期待値を計算するには重要な要素となります。

では、それぞれの宝くじの当選確率や理論値について紹介してみたいと思います。理論値とは当選確率に基づいて想定される値のことです。

◉ナンバーズ3（ミニ）

ナンバーズ3は0〜9までの3桁の数字を予想する宝くじです。すなわちこれは「000」から「999」までの1000通りの数字が存在することになります。

ナンバーズ3には「ストレート」「ボックス」「セット」という3つのタイプがあります。まずは「ストレート」タイプについて説明してみましょう。

ナンバーズ3の当選番号は1つだけです。「ストレート」は当選番号とズバリ一致しなければ外れとなりますので、1000通りの中で1つの数字だけが当選となります。つまり当選確率は1000分の1です。

次に「ボックス」タイプです。「012」が当選番号ですと、「0」「1」「2」が順不同、「102」でも「210」でも当選となりますから、「012」他に5通りの当選番号が存在します。つまり合計6通りの当選番号が存在することになりますので、当選確率は約167分の1となります。

「セット」タイプは1回の申し込み数字で「ストレート」タイプと「ボックス」タイプを

同時に購入したことになるタイプです。「セット」での「ストレート」タイプの当選確率は1000分の1で変わりませんが、「ボックス」タイプの場合は、6通り存在する当選番号のうち1つは「ストレート」タイプの当選番号になるため、5通りの当選番号が存在することになります。つまり当選確率は200分の1となります。

数字選択式宝くじの場合は当選金に充てられる金額は、1枚の売価の45%と決められていますので、1枚当たり90円が当選金に充てられることとなっています。

これをもとに理論値を計算しますと、「ストレート」タイプは9万円、「ボックス」タイプは1万5000円。「セット」の「ストレート」タイプは5万2500円、「ボックス」タイプは7500円となります。

ナンバーズ3の当選番号の下2桁は「ミニ」タイプの当選番号にもなっています。「ミニ」タイプは「00」から「99」までの100通りの番号が存在していますので、当選確率は100分の1で、理論値は9000円となります。

◉ナンバーズ4

ナンバーズ3は0~9までの4桁の数字を予想する宝くじです。すなわちこれは

「0000」から「9990」までの1万通りの数字が存在することになります。

ナンバーズ4にもナンバーズ3と同様に「ストレート」「ボックス」「セット」という3つのタイプがあります。まずは「ストレート」タイプです。

ナンバーズ4の当選番号は1つだけです。「ストレート」は当選番号とズバリ一致しなければ外れとなりますので、1万通りの中で1つの数字だけが当選となります。つまり当選確率は1万分の1です。

次に「ボックス」タイプです。「0123」が当選番号ですと、「0」「1」「2」「3」が順不同、「3210」でも「0132」でも当選となりますから、「0123」の他に23通りの当選番号が存在します。つまり合計24通りの当選番号が存在することになりますので、当選確率は約417分の1となります。

「セット」タイプは1回の申し込み数字で「ストレート」タイプと「ボックス」タイプを同時に購入したことになるタイプです。「セット」での「ストレート」タイプの当選確率は1万分の1で変わりませんが、「ボックス」タイプの場合は、24通り存在する当選番号のうち1つは「ストレート」タイプの当選番号になるため、23通りの当選番号が存在することになります。つまり当選確率は約435分の1となります。

この当選確率を基に理論値を計算しますと、「ストレート」タイプは90万円、「ボックス」タイプは3万7500円。「セット」の「ストレート」タイプは46万8700円、「ボックス」タイプは1万8700円となります。

ナンバーズ3や4において、すべてのタイプに当選者が一人もいない場合は再抽選を行います。ナンバーズの1口当たりの当選金額のナンバー3も4も2000万円が上限と定められています。

ナンバーズ3や4では「000」や「0000」のようなゾロ目は「ストレート」タイプしか発売されません。

◉着せかえクーちゃん

着せかえクーちゃんとは5個の絵柄の中から4個選び、抽選した4個の絵柄と並び順が一致しているかどうかで当選金が決まる宝くじです。

5個の絵柄の中で4個すべて一致する確率は1/5×1/5×1/5×1/5で求めることができますので、1等の当選確率は625分の1となります。2等は3個の箇所と一致すれば当選となりますので、詳しい計算は割愛しますが、2等の当選確率は約39分の1

となります。3等は2個の箇所と一致すれば当選となりますので、計算すると当選確率は約7分の1となります。すべての等級に当選者がいない場合は再抽選を行います。

当選確率に基づいた理論値は1等1万500円、2等は500円、3等は100円となります。着せかえクーちゃんの場合は、1等と2等の当選金は口数によって変動しますが、3等の当選金100円は口数に関係なく固定されています。

1口あたりの当選金額の上限は5000万円と定められており、1等の当選金が5000万円を超えた場合は、超えた分の金額を2等に上乗せして支払われます。

着せかえクーちゃんは、当選者が現れるまで再抽選を繰り返しますので、キャリーオーバーはありません。

◉ビンゴ5

ビンゴ5は8個に分けられた各マスの中から数字を1つずつ選択し、当選番号によってタテ、ヨコ、ナナメ、いくつのラインができ上がるかで当選金が決定される宝くじです。

【図B】のようにすべての当選番号と一致すると、8ラインが完成することになります。1等は8ラインを完成させるということは、8個すべての数字と一致することと条件が同

図B

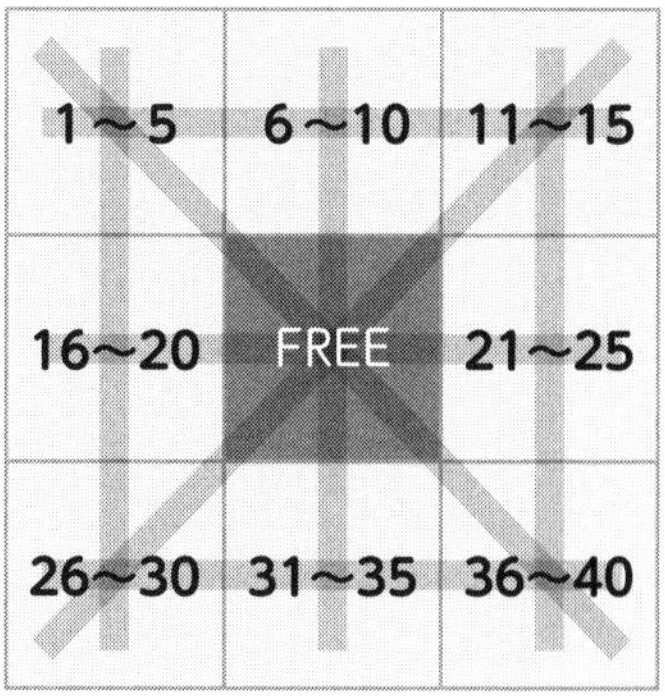

じですから、当選確率は1／5×1／5×1／5×1／5×1／5×1／5×1／5×1／5で39万625分の1となります。2等は6ラインを完成させればいいのですから、当選確率を計算すると約2万4414分の1です。3等は5ラインですから当選確率は約8138分の1、4等は4ラインですから約2035分の1、5等は3ラインですから約313分の1、6等は2ラインですから約59分の1、7等は1ラインですから約7分の1となります。

すべての等級に当選者がいない場合は再抽選を行います。

当選確率を基にした理論値は、1等が約555万円、2等が30万円、3等が4万5000円、4等が1万8200円、5等が2500円、6等が700円、7等が200円となります。

1等から6等は当選の口数によって変動しますが、7等の当選金200円は口数に関係なく固定されています。

1口あたりの当選金額の上限は3000万円と定められており、1等の当選金が3000万円を超えた場合は、超えた分の金額を2等に上乗せして支払われます。ビンゴ5も着せかえクーちゃん同様にキャリーオーバーはありません。

◉ミニロト

さてここからはロトくじについて、当選確率や理論値について説明していきましょう。まずはミニロトです。

ミニロトは1~31までの数字の中から5個の本数字と1個のボーナス数字を抽選するタイプです。1等は5個の本数字と一致すると当選となります。5個の番号とピタリと一致する1等の当選確率は31×30×29×28×27÷120で求めることができますので、計算すると16万9911分の1となります。

2等は4個の本数字とボーナス数字と一致すれば当選ですから、当選確率は約3万3982分の1です。3等は4個の本数字と一致すれば当選でから、当選確率は約

1359分の1、4等は3個の本数字と一致すれば当選ですから、当選確率は約52分の1です。

当選確率を基にした理論値は、1等が約1000万円、2等が約15万円、3等が1万円、4等が1000円となります。

すべての等級に当選者がいない場合は再抽選を行います、

1口あたりの当選金額の上限は4000万円と定められており、1等の当選金が4000万円を超えた場合は、超えた分の金額を2等に上乗せして支払われます。

ミニロトにはキャリーオーバーがありません。

◉ロト6

ロト6は1~43までの数字の中から6個の本数字と1個のボーナス数字を抽選するタイプです。ボーナス数字は2等を決定する場合に使用します。1等は6個の本数字と一致すると当選となります。6個の番号とピタリと一致する1等の当選確率は43×42×41×40×39×38÷720で求めることができますので、計算すると609万6454分の1となります。

2等は5個の本数字とボーナス数字と一致すれば当選ですから、当選確率は約101万6076分の1です。3等は5個の本数字と一致すれば当選ですから、当選確率は約2万8224分の1、4等は4個の本数字と一致すれば当選となり、当選確率は約610分の1、5等は3個の本数字と一致すれば当選となりますので、当選確率は約39分の1となります。

当選確率を基にした理論値は、1等が2億円、2等が約1000万円、3等が30万円、4等が6800円、5等が1000円となります。

1等から4等は当選の口数によって変動しますが、5等の当選金1000円は口数に関係なく固定されています。

1等に当選者がいない場合は1等で支払われる当選金額分はキャリーオーバーとして次回のロト6の1等当選金に上乗せされます。キャリーオーバー発生時の1等の当選金額の上限は6億円と決められています。6億円を超えていた分はキャリーオーバーとして、次回のロト6の1等当選金に充当されます。

◉ロト7

ロト7は1～37までの数字の中から7個の本数字と2個のボーナス数字を抽選するタイプです。ロト7のボーナス数字は、2等と6等の当選を決定するときに使います。

1等は7個の本数字と一致すると当選となります。7個の番号とピタリと一致する1等の当選確率は37×36×35×34×33×32×31÷5040で求めることができますので、計算すると1029万5472分の1となります。

2等は6個の本数字とボーナス数字のどちらか1つと一致すれば当選ですから、当選確率は約73万5391分の1です。3等は6個の本数字と一致すれば当選ですから、当選確率は約5万2528分の1、4等は5個の本数字と一致すれば当選となり、当選確率は約1127分の1、5等は4個の本数字と一致すれば当選となりますので、当選確率は約72分の1となります。6等は3個の本数字とボーナス数字のどちらか1つと一致すれば当選となり、当選確率は約42分の1です（ボーナス数字と2つ一致しても当選金は変わりません）。

当選確率を基にした理論値は、1等が6億円、2等が約730万円、3等が73万円、4等が9100円、5等が1400円、6等が1000円となります。

1等から5等は当選の口数によって変動しますが、5等の当選金1000円は口数に関係なく固定されています。

1等に当選者がいない場合は、1等で支払われる当選金額分はキャリーオーバーとして次回のロト7の1等当選金に上乗せされます。キャリーオーバー発生時の1等の当選金額の上限は10億円と決められています。10億円を超えていた分はキャリーオーバーとして、次回のロト7の1等当選金に充当されます。

キャリーオーバーの金額ですが、各等級の金額に支払われる金額の割合は事前にされており、その金額がキャリーオーバーとなります。

数字選択式宝くじは、宝くじ公式サイトからは18時20分まで抽選当日分のくじを購入することができます（一部の宝くじ売り場では18時30分まで）。

抽選機の特徴を理解しておこう

数字選択式宝くじでは「電動攪拌式ロト抽選機（ロト専用抽選機）」「電動遠心力型抽選

図C

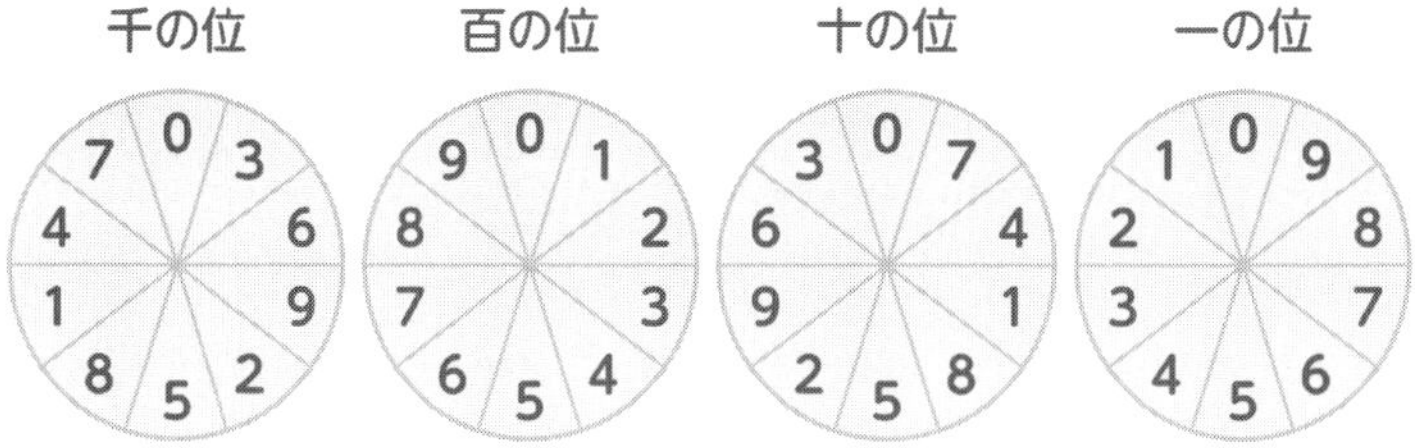

機（ビンゴ5専用抽選機）」「電動式風車型抽選機」の3つのタイプの抽選器を使って抽選が行われます。

「ロト専用抽選機」や「ビンゴ5専用抽選機」はロト7なら37個のボールを、ロト6なら43個のボールをセットし、ひとつひとつボールを選び出して当選番号を決めていきます。

「電動風車型抽選器」は0から9までの数字が書かれた丸形の数字盤に矢を突き刺して当選番号を決めていきます。

この丸形の数字盤ですが、一の位、十の位、百の位、千の位によってそれぞれ文字盤は変わっています（【図C】参照）。これを見てわかるとおり、各桁によって数字の配列が違っています。ナンバーズ3やナンバーズ4はそれぞれ異なった抽選器を使っていますが、各桁の数字の配列は同じです。

ナンバーズ3で「544」を購入し、当選番号が「543」や「545」なら、数字盤の百の位は「0・1・2・3・4・5・6・7・8・9」、一の位は「0・9・8・7・6・5・4・3・2・1」と配列されていますので、惜しいことになります。しかし、当選番号が「554」ならどうでしょうか。確かに1つ違いで惜しいことにはなりますが、実際には十の位は「0・7・4・1・8・5・2・9・6・3」の配列になっているため、購入した「544」の十の位の「4」の隣は「7」と「1」になっています。つまり「574」や「514」なら惜しいことになりますが、「554」では購入した「4」から「5」は離れていることになります。

これは第3章で紹介するナンバーズ3を攻略していく上で、大切な考え方ですので覚えておいてください。

数字選択式宝くじで使用する「ロト専用抽選機」「ビンゴ5専用抽選機」「電動風車型抽選機」の3つの抽選機がどんな形をしているものなのか、実際に確かめてみたい方は、「宝くじ公式サイト」から「当せん結果のご案内」をクリックして「抽せん会ライブ中継」で過去の抽選風景も含め見ることができます。

第2章

高額当選へ至る基本・統計学を知れ！

数字選択式宝くじに欠かせないデータの重要性

ロトやナンバーズを攻略するには、過去の当選番号のデータを活用する必要があります。当選数字を眺めていると、同じ数字が続いたり、特定の数字に当選数字が偏ったりしていることに気づくことがあるでしょう。**数字選択式宝くじの当選数字は抽選機で決定するのですから、当選数字が現れる確率はどの数字も同じはずです。しかし数字に偏りが見えるのはどうしてでしょうか。**

それは数字選択式宝くじの歴史が浅いのが、ひとつの要因ではないかと考えています。サイコロで考えてみましょう。サイコロの1の目が出る確率は1/6です。6回サイコロを振ったら必ず1の目が出るでしょうか。1回も出ないこともあれば、数回出ることもあると思います。しかしサイコロを数万回振り続けると、1の目が出る確率は1/6に収束するというのが確率論の考え方です。数字選択式宝くじ、ナンバーズ3や4の世界では、まだ約7000回程度です。ナンバーズ4のストレートの当選確率は1万分の1ですから、まだサイコロを6回も振っていないのが現状なのです。ですから当選数字が偏っていても不思議ではないのです。

このような確率論の考え方を基本としながら、**私は当選数字の流れを読み解く方法として、統計学の考え方が重要であると思っています。**統計学の考え方をもとに分析すれば、当選番号の流れが見えてくるのです。すなわち数字選択式宝くじを制するためには、統計学の考え方を理解しなければならないと考えています。

統計学と聞くと大学で学ぶ難しい学問のような感じがしますが、小学生のころから知らずに使っているものなのです。あるクラスの算数の平均点を求めるような問題を解いたことがあるでしょう。これは統計学のひとつなのです。

統計学は私たちの生活を豊かにするために、長い歴史を経て進化してきました。古代ローマ帝国の初代皇帝、アウグストゥス（紀元前63〜紀元後14）が、兵士の数を管理するための人口調査や、税を課すために人口調査をしたのが統計学のルーツだといわれています。その後、社会にとって統計学は必要不可欠なものとなり発展を遂げてきました。

統計学は現在、日常生活と密接な関係になっていきます。各国の人口の動きや経済動向の予測など、さまざまな分野で活用されるようになっています。

統計学における代表的な3つの考え方

◉統計学は3つの考え方に分類できる

統計学には大きく分けて、「記述統計学」「推測統計学」「ベイス統計学」という3つの考え方があります。

「記述統計学」とは、与えられたすべてのデータを分析する方法をいいます。

30人のクラスで算数のテストを実施したとき、平均点を調べることにします。30人程度でしたらすべてのデータを調べ、人間の手で平均点を調べることは可能です。このようにすべてのデータを調べて分析する方法を、統計学では「記述統計学」といいます。

テストの点数がわかれば、全体の平均点はもちろん、男女別の平均点や点数別の分布も調べることができます。またそれをもとにグラフを作成し、点数の分布が視覚的にわかるように表現することも可能です。つまり「記述統計学」とは、集められたデータから表やグラフを作成し、平均点や全体の姿を把握するという方法です。

しかし「記述統計学」には弱点があります。**それは標本の数が増えてしまうと調査するには限界があるという点です。**

たとえば同じ算数のテストを全国で実施したとしましょう。同学年の児童は全国では100万人を超えます。100万件のテストの結果をすべて検証するには時間がどれだけかかるかわかりません。つまり全国レベルの調査になると、「記述統計学」での検証は難しいことになるのがわかると思います。

そこで100万件の標本の中からアトランダムに偏りのないようにデータを抽出し、それを分析する方法が考えられました。これが「推測統計学」の基本的な考え方となります。

◉少ない標本数で大きな母集団の姿を見いだす

「推測統計学」には母集団や標本という考え方があります。先ほどの全国100万人にも及ぶ生徒のテストの結果が「母集団」です。その中から無作為に選び出したテストの結果が「標本」ということになります。

「推測統計学」では、一部の「標本」を抽出して調べた結果と、すべて標本を調査したケースとの誤差がどの程度なのか計算でわかっています。母集団が100万人の場合では、約

1万人の標本を調べると、実際にすべての「標本」を調べた結果との誤差は1％程度となっています。5％程度の誤差でしたら、400人の標本を調べるだけで100万人の全体象が見えてくるのです。**100万人という膨大な数の母集団の全体像が、たった400人程度の調査である程度わかるということが「推測統計学」の大きな特徴です。**

味噌汁の味見を想像してみてください。味が濃いか薄いか、スプーン一杯程度をすくって調べませんか？ たったスプーン一杯程度の味見でも、味噌汁全体の味はわかります。「推測統計学」と同じ考え方です。私たちの身近なものでは、テレビの視聴率が「推測統計学」を活用して調査された数字としてあげられます。

◉未来の姿を模索できるのが「ベイズ統計学」

「ベイズ統計学」とは、イギリスの数学者のトーマス・ベイズ（1702〜1761）が提唱した統計学理論です。「ベイズ統計学」は発表された当時、あまり注目を浴びることがなく、ベイズが亡くなった約100年後、注目を浴びることになります。彼の提唱した統計学理論の特徴、すなわちベイズ統計学は、過去に起きた事象をもとにし、未来において起きる事象を予測するという点にあります。一般的な統計学は、データが増えるとそのたびに最初から分析する必要がありますが、ベイズ統計は常に過去のデータから導き出された結果を次々に書き換え、新しい未来に向かって指針を示すことが可能となっている点が大きな特徴です。

最近よく耳にするＡＩは、ベイス統計の考え方を活用したものです。ＡＩの世界をイメージすれば「ベイズ統計学」がどんなものなのかわかると思います。

将棋や囲碁のプロ棋士にＡＩが勝利したというニュースが流れました。ＡＩ将棋やＡＩ囲碁は、過去のプロ棋士が指した手の中で最良の手をコンピュータに覚え込ませ、常に最良の手を指せるようにプログラミングされたものです。さらに良い手があると、過去のデータを書き換え、次々と良い手を指せるようにしたものです。最初はＡＩではプロの棋士にはなかなか勝利することができませんでしたが、負けた原因をコンピュータに覚え込ませ、新しいデータを作り上げることによって、ついには勝利することができたのです。

数字選択式宝くじを攻略するには、「記述統計学」や「推測統計学」も大切ですが、特に「ベイズ統計学」の考え方を大切にする必要があると考えています。

このように統計学には３つの姿があります。それぞれの特徴を理解することは、数字選択式宝くじでの高額当選金に近づくことにつながります。

日常生活に欠かせない統計学の考え方

統計学は日常生活に密着しています。「天気予報」や「テレビの視聴率」、それから「選挙速報」などに統計学は使われています。「迷惑メール」の振り分けも統計学を活用したものです。

「天気予報」は、過去の同じ天気図において雨がどの程度の割合で降っているか、それをパーセンテージ（%）にして発表しています。降水確率が20%とは、過去10回のデータの中で2回雨が降っていることを示しています。降水確率20%という数値では、雨は降らないように感じますが、統計学的から見ると5回に1回が雨が降るという計算になり、雨が降っても不思議ではないのです。

数字選択式宝くじを攻略する上で、「テレビの視聴率」の算出方法は非常に参考になります。現在では全国約5000万世帯の中から1万世帯、つまり全体の0・02%が調査の対象世帯となり色々な角度で視聴率を調べています。母集団が約5000万、標本が

1万、わずか0・02%程度の標本からでも、約5000万世帯がどんな番組を見ていたか、全体像がわかるのが統計学のすごいところです。

また「選挙速報」では、開票率1%程度なのに、「当選確実」というテロップがテレビ画面に出されることがあります。番組制作者はどうしてそんなに早く「当選確実」という判断をすることができるのでしょうか。ここで登場するのも統計学です。

統計調査にはすべての標本を調べる「全体調査」と一部のサンプルで調べる「標本調査」があります。選挙速報はその「標本調査」を活用したものです。統計学では1万人の投票動向を調べるのに96人を調査すればほぼ正しい全体像を把握できるとされています。ですからたった開票率1%でも、候補者の最終的な票数を読むことができ、「当選確実」のジャッジを下すことが可能になるのです。

この「テレビの視聴率」や「選挙速報」で応用されている統計学の「標本調査」という考え方も、「ベイズ統計学」と同じように、数字選択式宝くじでは大切な考え方です。

ここで私が一番申し上げたい点は、数字選択式宝くじの当選数字を予測するには、第1回から現在までのすべての当選数字の結果を調べることなく、一部のサンプルデータを分析するだけでも全体像を見極めることが可能になるという点です。

ベイズ統計学は数字選択式宝くじでは大切な考え方

60ページで紹介しましたが、「ベイズ統計学」の特徴は、**AI将棋やAI囲碁のように、過去のデータをもとにしながら結論を出し、新しいデータを加えることによってさらに精度の高い結論を導き出せる点にあります。**

またデータを常に新しいものに書き換えることによって、将棋や囲碁でしたら最良の一手を導き出すことが可能になってきます。

身近なところで活用されている「迷惑メール」の振り分けも、「ベイズ統計学」を応用したものです。多くのパソコンには、一方的に知らない人から送信されたメールを「迷惑メール」というフォルダに振り分ける機能がついています。その機能が「ベイズ統計学」を応用したものなのです。

過去の迷惑メールの内容を分析し、そのメールでは、どのような文言が使用されていることが多いかなどを分析。そして送信されたメールの内容をいち早く迷惑メールであるかどうか判断することにより、「迷惑メール」を振り分けているのです。しかしすべてのメールを完璧に振り分けることは困難です。「迷惑メール」の新しい特徴が発見されると、パソコンは今までのチェック内容を更新し、さらに「迷惑メール」の振り分けに関して精度の高いものに成長していきます。

ネットで買い物していると「オススメ商品」のようなメールを受け取ることがあると思います。これも「ベイズ統計学」を応用したものなのです。

過去の購入履歴から、次にどんな商品を購入するか、それを先回りして予測し「オススメ商品」という形で提案しているのです。今までレディースのSサイズの服ばかり購入していたユーザーなら、「この人は女性でサイズはS」と分析することができ、このユーザーにはレディースのSサイズの新商品を紹介することで、次の購入につながる可能性が高くなります。このユーザーにメンズのLサイズの商品を勧めても、購入する確率は低いでしょう。

数字選択式宝くじとあまり関係のない話をしていると思われそうですが、「ベイズ統計学」の考え方は第3章から紹介する、数字選択式宝くじを攻略する上で非常に大切な要素なのです。

統計学を使って当選番号を模索する方法

数字選択式宝くじで高額当選金を狙うのであれば、「ベイス統計学」はもちろんですが、「記述統計学」や「推測統計学」の考え方を理解し、その特徴をうまく応用しなければなりません。数字選択式宝くじの攻略法は「全体調査」、すなわち「記述統計学」を中心に展開してしまう傾向があります。未来の予測数字を導き出している点から「推測統計学」も応用している点はありますが、数字選択式宝くじは回を追うごとに、当選数字のデータが増え続けることになります。**一定期間のデータのみで分析をする「記述統計学」や「推測統計学」の考え方には限界があります。そこで注目しなければならない考え方が「ベイズ統計学」なのです。**私が「ベイズ統計学」に注目している理由は、常に新しいデータを過去のデータに加え、未来を予測し続けるという特徴があるからです。

数字選択式宝くじは、極論をいってしまえばギャンブルと同じです。億を超えるような高額当選金が狙える点からは「夢を買う」という部分がありますが、ナンバーズ3や4のようなくじでは、「夢を買う」というより「お金を儲ける」という考え方のほうが強いのではないでしょうか。

ナンバーズ3や4は数字の流れによってある程度の出目は予測することが可能です。また出目によっては高額になる場合と当選金が少ない場合があります。

誕生日を連想することができる数字は、誕生日でナンバーズ3や4を購入している人が多いせいか、当選金は少ない傾向にあります。ナンバーズ3や4をプレゼントに使っている人もいるかもしれません。ちなみに宝くじ売り場の窓口で、チャレンジカードという申込カードを使うと、10日先の抽選日の中から日付を選んで購入することが可能です。

ロト7やロト6のような、1等賞金が億を超えるようなくじでは、数字を予測してピタリを的中させることは難しいものですが、抽選された6個や7個、ミニロトでしたら5個の本数字と1つ違い、2つ違いに近づけることは、数字の流れを読み解くことによって可能でしょう。

私自身もミニロトで複数回、本数字と1つ違いで当選したことがあります。また、ロト6や7ではキャリーオーバーになるケースがあります。その数字の組み合わせの特徴を知っておくのも大事なことだと思います。

推測統計から考察する数字選択式宝くじの姿

数字選択式宝くじの中でナンバーズ3や4は、1994（平成6）年10月より、宮城県、福島県、岡山県、広島県で発売され、1995（平成7）年4月より全国で発売されるようになり現在に至っています。

2023年9月30日現在、ナンバーズ3や4は6309回抽選されています。数字選択式宝くじの中ではダントツで歴史の長いくじとなります。6300回を超える当選番号をすべて精査するとなったら大変です。ロト3で百の位の出現率を調べるだけでも相当な時間と労力が必要となってきます。

しかし統計学の考え方を使えばどうでしょうか？　推測統計学では、母集団の中から一部の標本を抽出して調べるだけで全体像を見いだすことが可能です。

第3章以降で詳しくまた説明しますが、私は抽選日直近の10回の抽選番号をひとつのデータとしてとらえ、次の当選番号予測しています。10回分のデータといったら過去

6300回の約0・15％程度です。

62ページで紹介した「視聴率調査」では全体の約0・02％の標本で調査をしている数字と比較すれば、**10回分のサンプル数（標本）でも、ナンバーズ3や4のデータから、当選数字を予測することは可能であると考えているからです。**

ここで「ベイス統計学」の特徴を思い出してください。「ベイス統計学」は常に新しいデータを過去のデータに加え、より新しいデータを作り上げていきます。過去10回のデータによる誤差は、新たに当選番号として加わる数字を加えることにより調整され、新しい指針が生まれてくると思っています。

2023年9月30日現在、ロト7は542回、ロト6は1831回、ミニロトは1251回抽選されています。ナンバーズ3や4より、はるかに少ない母集団です。10回のデータからでも十分数字の流れは予測することができるのではないでしょうか。

当選数字を決定する抽選機にも、大きな流れがあると考えています。1996年の発売当時の数字の流れと2023年の数字の流れは違うと考えます。時代は流れています。約20年前のデータと現在のデータを混在して検証すると、見える部分も見えなくなってしまうのではないでしょうか。これも私が直近のデータを重視する理由のひとつなのです。

統計学から考える数字選択式宝くじの標本数

フランスの数学者にアンリ・ポワンカレ（1854〜1912）という人物がいました。彼はパン好きで毎日同じパン屋でパンを1000g購入し、毎日パンの重さを計測し続けました。当時のパンは人間の手でパンを作っていたので、パンの重さに多少の誤差が出るのは当然です。彼は1年間計測を続け、それをグラフ化したのです。1000gのパンを1年間購入し続けたのですから、グラフは正規分布を表さなければなりません。そしてその中央値は1000gになるはずです。しかしグラフは950gが中央値になっていました。すなわちこれはパン屋が意図的に50g少ない950gのパンを販売し続けたということになります。ポワンカレは見事パン屋の不正を見抜いたのです。

56ページでも少しふれましたが、確率の世界でも似たようなことがいえます。サイコロで1の目が出る確率は6分の1です。しかし6回サイコロを振って必ず1回1が出るでしょうか。答えはノーです。20回振っても1の目が出ないこともあるでしょう。しかし

1万回、10万回とサイコロを振り続けると、その値はどの目も6分の1に近づきます。

これは何を表しているのでしょうか。**数字選択式宝くじの抽選回数はまだまだ、全体のサンプル数（標本）が少ないということです**。ナンバーズ4のストレートの当選確率は1万分の1です。しかしまだ6500回にも抽選回数が到達していないということは、サイコロでたとえるなら、やっと4回サイコロを振った程度なのです。

ナンバーズ3の場合はどうでしょうか。当選確率は1000分の1ですから、約6000回では当選確率の6倍にも達していません。サイコロでしたらまだ40回も振っていない計算になります。

ミニロトやロト6、7の世界になるとまだまだこれからです。ということは、数字の流れを読み解くだけで高額当選に近づけるということの証明ではないでしょうか。

第3章で詳しく説明しますが、このような確率と統計学の考え方をふまえて分析することによって、**ナンバーズ3では「894」「585」「467」「541」を強く推奨したいと思っています**（2023年9月30日現在）。

これらの数字は、統計学の「記述統計学」（全体調査）からの結果とサイコロの確率の世界の考え方を応用した上で浮上した数字です。

ナンバーズ3と4を統計学から考察する

私のナンバーズ3と4の基本的な考え方は「記述統計学」（全体調査）で強い数字と弱い数字を検証し、さらには直近10回の数字の流れを分析することで、当選数字を予測することにあります。

過去の当選数字から、当選数字と当選金との関係をひもといてみましょう。人間の心理とは不思議なもので、当選確率はどの数字も同じにもかかわらず、「000」や「0000」のような数字を嫌う傾向にあります。ゾロ目だけでなく、「0001」や「0002」といった数字もあまり好みません。その証拠に、第3章以降で詳しく説明しますが、「8885」というようなゾロ目に近い数字も、当選金が高い傾向にあります。

抽選結果にも不思議な現象が起きています。2023年9月30日現在、ナンバーズ4の当選番号で、「0002」という数字は1回も当選番号として出現したことがないばかりか、「2000」や「0200」といった「ボックス」にも当選したことがないのです。ナンバー

3でも同様な当選数字があります。

ボックスの「0002」は過去約6000回の抽選結果で一度も当然番号として浮上していないということは、「記述統計学」の全体調査をすれば、ボックス「0002」はそろそろ出現してもおかしくない数字であることがわかります。この考え方は、これから次項で紹介します「一点突破法」の考え方において重要な要素となります。

ナンバーズ4の「ボックス」は715通りあります（ゾロ目を含む）。2023年9月30日現在では6309回の抽選が行われています。確率的に「ボックス」はゾロ目を入れると715通りですから、6309÷715＝8・82で8~9回、どの数字も出現してもいい計算です。しかし一度もまだ抽選数字に表れていないということは、今後、連続して当選数字として出現しても不思議ではないことになるのではないでしょうか。

過去6309の「記述統計学」（全調査）にもとづいて調べた結果、このように抽選番号として偏っている数字は他にもあります。もちろんこれはナンバーズ4に限ったことではありません。ナンバーズ3でも同じように偏っている数字があります。

どのような数字が偏っているのか、その数字は第3章と第4章で詳しく紹介していきましょう。

数字選択式宝くじを攻略する一点突破法！

何も考えずにロトやナンバーズを的中させるのは、確率的にみても非常に難しいと思います。しかし、1つの数字を絞り込むことができれば、当選確率は一気にアップすることになると考えています。**1つの数字を絞り込方法、これを「一点突破法」と呼んでいます。**この方法を使えば、ロト7は6つの数字を的中させれば、ロト6は5つの数字を的中させれば1等当選となることになります。ナンバーズ4やナンバーズ3に限っては、当選確率が10倍にアップする計算です。ではどのような方法が「一点突破法」なのでしょうか。考え方はそれほど難しいものではありません。

【図A】をご覧ください。第G回のナンバーズ3を購入するときには、どんな数字に注目すればいいのでしょうか。それは新しい当選数字を調べ、出ていない数字を調べていけばいいのです。

第F回では「2・5・1」という数字が当選していますので、「0〜9」までの10の数字

図A

第A回	484
第B回	669
第C回	876
第D回	017
第E回	951
第F回	251
第G回	???

からこれら3つの数字をカットします。第E回の当選数字は「951」ですから、「2・5・1」の数字に加え、「9」もカットします。第D回の当選数字は「017」ですから、さらに「0」と「7」がカットされます。ここまでカットされた数字は「2・5・1・9・0・7」となり、残りは「3・4・6・8」の4つの数字です。

第C回の当選数字は「876」ですから「6」と「8」が消え、第A回では「484」が当選数字になっていますから、残った数字は「3」だけです。この数字は「一点突破法」から浮上した注目数字なのです。

第G回のナンバーズ3の当選数字が「305」となれば、しっかりと注目数字の「3」が飛び出し当選に大きく近づくことになります。

Column 日本の幸運の神「七福神」とは

金運の神様として崇《あが》められている神は世界中に存在します。その中で、インドの神、ガネーシャなどは有名です。インドでは利益をもたらす神とされ、宝くじを購入する前に祈りを捧げる人がいるほどの人気です。

日本で幸運の神といえば、七福神があげられます。七福神とは、インド伝来の『仁王護国般若《にんのうごこくはんにゃ》』という経典の中にある「七難即滅 七福即生（七難を避けて七福を生ず）」という仏教語からきています。七福神を信仰する習慣は古く、室町時代から続くと言われています。

一般的に七福神とは、「恵比寿《えびす》」「大黒天《だいこくてん》」「福禄寿《ふくろくじゅ》」「毘沙門天《びしゃもんてん》」「布袋《ほてい》」「寿老人《じゅろうじん》」「弁財天《べんざいてん》」の7つの神からなり、財宝の神として信仰されているのは「毘沙門天」です。七福神の中では弁財天だけが女神です。

ちなみにカレーライスの付け合わせとして有名な福神漬けは、福神漬けを考案した店（東京上野の漬物店「酒悦」）の近くに七福神が祭られており明治時代に売り出したのが元祖とされています（諸説あり）。

第3章

「一点突破法」で注目数字を決めろ！

「一点突破法」とはどんな攻略方法なのか

前項の「数字選択式宝くじを攻略する一点突破法！」で「一点突破法」のイメージを紹介しました。では具体的にどのように活用していけばいいか、解説していきましょう。

75ページの【図A】の数字ですが、実は第6301回から第6306回で飛び出した、ナンバーズ3の当選数字だったのです。**第6307回のナンバーズ3を購入しようとしたときに、まずは1つの数字を絞り込むため、「3」という数字を導き出しました。つまり「3」という数字が軸となる数字となるわけです。**

1つの数字が決定されれば、後は残り2つの数字を決定すればいいだけです。この章ではナンバーズ3の「注目数字の出し方」を紹介します（数字の出し方は85ページ以降の内容を参照願います）。

結論を先に申し上げますと、第6301回から第6310回の注目数字は「1・0・6・9」でした。となれば、「3」の相手はまず「1・0・6・9」となります。つまり「31×」「30

×」「36×」「39×」という数字が浮上してきます。

過去の当選数字の流れを見ていればわかりますが、当選数字は連動する傾向にあります。連動とは、「123」という数字が当選数字の場合は、「1」「2」「3」という数字が次回の当選数字に現れるというものです。

直前の当選数字、第6306回は「251」でした。となれば、「2」「5」「1」は次回の抽選回、6307回では気をつけなければなりません。

先ほど浮上していた「31×」「30×」「36×」「39×」という4つの数字の×の箇所に「2・5・1」を入れてみますと、「312」「315」「311」、「302」「305」「301」、「362」「365」「361」、「392」「395」「391」という12点が浮上してきます。

第6307回の当選数字は「305」となり、見事当選となるわけです。

なんの根拠もなく数字を適当に選んだり、クイックピックでナンバーズ3を購入したりするのを否定するつもりはありませんが、「一点突破法」を使って1つの数字に注目することにより、当選数字に近づく方法があることも覚えておくと、思いがけない高額当選を引き寄せることになるのではないでしょうか。

ナンバーズ3は「セット」の購入がオススメ！

ナンバーズ3は「ストレート」「ボックス」「セット」の3つの購入方法があります。当選金ですが、「ストレース」がもちろん一番高額なのですが、期待できるリターンは「ストレート」「ボックス」をそれぞれ1口ずつ購入する場合と、同金額を「セット」で購入する場合とではほとんど同じなのです。

なぜ「セット」のほうが有利なのか、前著『ロト・ナンバーズ攻略AI必勝法』でも紹介した的中券を使ってもう一度解説したいと思います。これはナンバー3の「585」の「セット」で購入した当選券です。セットの「ストレート」の当選ですから、当選金は7万1500円でした。「ストレート」の当選金は10万7300円です。ここだけみるとかなり差がありますね。

「585」を「ストレート」と「ボックス」を1口ずつ購入した場合と「セット」を2口購入した場合を考えてみましょう。投資金額はともに400円で同じです。

ストレート	107,300円
ボックス	35,700円
セット（ストレート）	71,500円
セット（ボックス）	17,800円

「ストレート」の当選金10万7300円と「ボックス」3万5700円、合計14万3000円となります。「セット」では「ストレート」が2口分当選していますから、7万1500円×2で14万3000円です。つまり投資金額400円に対して、どちらも同じ金額が当選金となります。

これはこの回だけに限ったことでなありません。ほとんどの回で、「ストレート」と「ボックス」を1口ずつ購入した場合と、「セット」を2口購入した場合での当選金は、ほぼ同額であることがわかります。**当選金がほぼ同じでしたら、少ない投資金額で「ストレート」も同時に楽しめる「セット」の購入を私はお勧めします。**

当選金から考察する当選番号の姿を知る

ナンバーズは購入した口数に応じて当選金額が決定されるしくみです。とはいえ、多くの方は1口で購入しているでしょう。当選は、当選数字に対して購入した口数によって決定されます。当たり前ですが、当選した番号へ投じた口数が少なければ当選金額は大きくなり、購入された口数が多ければ当選金額は小さくなります。競馬の世界でたとえるならば、一番人気の配当が小さく、人気が下がるに従って配当は大きくなります。年末ジャンボ宝くじのような宝くじは、最初から当選金や当選本数は決まっていますが、数字選択式宝くじは抽選回によって当選金が異なります。

数字選択式宝くじのように、当選した口数に応じて当選金額を決定していく方式を「パリミュチュエル方式」と呼びます。日本で行われている競馬や競輪などの公営ギャンブルやサッカーのｔｏｔｏくじはすべてこの方式です。

公営ギャンブルのようなケースでは、大きなリターンを狙うのであれば、人気薄を購入すればいいのですが、数字選択式宝くじには、公営ギャンブルのように「オッズ」が発表されていません。

ではどのようにすれば、数字選択式の宝くじで高額当選を狙うことができるのでしょうか。それは人間の心理をひもとけば見えてきます。つまり多くの人があまり狙わないような番号を狙っていけばいいのです。

ナンバーズ3や4において、誕生日などを連想できる番号は、当選金金額は低くなる傾向にあります。「459」のように、どうやっても誕生日を連想できない番号は、当選金が高くなる傾向があります。確かに「459」でしたら4月59日や9月45日なんてありませんね。

いっぽう、前著『ロト・ナンバーズ攻略AI必勝法』ではゾロ目くずれ、すなわち「779」や「887」というような番号も当選金が高くなる傾向があると紹介しました。しかし最近はその傾向に陰りが見えています。

2023年9月6日に抽選されたナンバーズ3の当選番号は「117」でした。「ストレート」の当選金は4万1200円です。ゾロ目くずれの「117」であるにも関わらず、ナンバーズ3の理論値9万円を大きく下回っています。

反対に、２０２３年7月24日のナンバーズ3の当選数字は「７８５」とバラバラの数字でした。しかし当選金は、13万２０００円です。

ここで「１１７」と「７８５」にもう一歩踏み込んでみましょう。「１１７」は1月17日や11月7日というように誕生日を連想することが可能ですが、「７８５」はどうやっても誕生日を連想することができません。80ページで紹介した「５８５」の当選金も、ストレートで10万７３００円、セット（ストレート）で7万１５００円と、理論値を上回っています。「５８５」はゾロ目くずれの一面も持っていますが、誕生日を連想できないという一面も持っています。過去のナンバーズ3の結果で、当選金額が高かった上位5位の数字は「９８８・５５８・７７０・９４９・９４４」です。どの数字も「ストレート」の当選金額は20万円を超え、「９８８」は33万３５００円でこれが最高額となっています。

この5つの数字を見て何か感じませんか？　**すべての数字がゾロ目くずれの一面をもっていますが、誕生日を連想しづらいという一面も持っています。このことから、ナンバーズ3の高額配当は誕生日を連想できない数字が有利であると考えています。**

ちなみに「９８８・５５８・７７０・９４９・９４４」は「ボックス」でも上位5位にランクされ、「９８８」は11万１１００円という高額です。

過去10回の抽選結果から注目数字を読み解く方法

統計学の考え方である「記述統計学」と「推測統計学」、さらには「ベイズ統計学」の考え方を応用すれば、数字選択式宝くじの攻略の糸口が見えてくると考えています。

まず注目しているのが「推測統計学」の考え方です。「推測統計学」とは全標本、すなわちすべての母集団の中から一部の標本を抜き出し、それを分析すると全体像が見えてくるという考え方です。

62ページで紹介しました「視聴率調査」では、全体の約0・02％程度の標本で全体像が見えてくると説明しました。

ナンバーズ3や4で同じような考え方をしたらどうでしょうか。

私は10個程度の標本を分析して、注目すべき数字を浮上させています。現在ナンバーズ3や4は約6300回行われています（2023年9月末現在）。10個の標本でも検証の仕方次第では、全体像を調べることができると考えているからです。

◉やみくもに購入しては高額当選には近づけない！

宝くじなんて当選確率は同じなんだから、適当に数字を選んでも当たるときは当たるんだ…という考え方を持っているのであれば、なかなか幸運は舞い降りてこないと私は考えています。世の中には何度も高額当選金を射止めている人が存在しています。偶然購入して射止めた人もいるかもしれませんが、多くの人たちはなにかしらの「努力」をして高額当選金の的中という幸運を射止めています。

1等がよく出る売り場までわざわざ足を運んだり、金運の良い日に宝くじを購入したりするのも、もちろん「努力」です。

数字選択式宝くじの当選数字には流れがあると思います。その流れを読み解くことができれば、何も考えずに購入する人よりは当選確率がアップするのではないでしょうか。

すなわち自分のルールに従って購入スタイルを確立し、無理のない範囲で買い続けることが高額当選金を射止める上で、非常に大切な要素であると考えています。

ロト6やロト7でキャリーオーバーが発生すると、クイックピックのような買い方で、いつもより多くの口数を購入する人を見かけますが、あまりお勧めできません。

◉抽選機の配列を理解することは重要

ナンバーズ3を攻略するには、当選数字（本数字）を予測しなければなりません。ナンバーズの過去の当選数字には大きな流れがあると思っています。前述のように、その流れにうまく乗ることができれば、ナンバーズ3の本数字を的中させることに一歩でも二歩でも近づくことが可能となるのではないでしょうか。

私はその数字の流れがリセットされる数字が「000」や「111」というようなゾロ目だと考えています。

ゾロ目が出現した次の回からの当選数字を10回分検証し、そこから数字の流れを読み解き、次なる当選数字として表れるであろう「注目数字」を見つけ出していきます。

ナンバーズ3は風車式の抽選機で当選数字を決定していくことはご存じかと思います。**抽選機の形をよく見ると、風車式の抽選機は百の位、十の位、一の位を決定する風車の数字の配列がそれぞれ異なっていることがわかります。**

この点は、後ほど詳しく解説しますが、「注目数字」を浮上させる際に、大切な要素のひとつとなっています。

ナンバーズ3の注目数字を浮上させる

◉注目数字を浮上させていくルール

過去の当選数字を使いながら「注目数字」の出し方を紹介していきましょう。

第6250回の抽選で「888」が飛び出しました。ここで数字の流れがリセットされたと考えるのが基本ルールです。次回の第6251回から第6260回までの10回の当選数字から注目数字を見つけ出していきます。

91ページの【表A】をご覧ください。当選数字は第6251回から第6260回までの数字を並べたものです（Ⓐ）。

表の記入方法ですが、「688」なら右の表の欄の「6」「8」「8」の箇所に「○」印をつけていきます。10回分、「785」まで記入が終わりましたら、次は「×」をつけていきます。「×」印は当選数字の前後の番号を表しています（Ⓑ）。

ナンバーズ3の電動風車式抽選機は左記のようになっています。

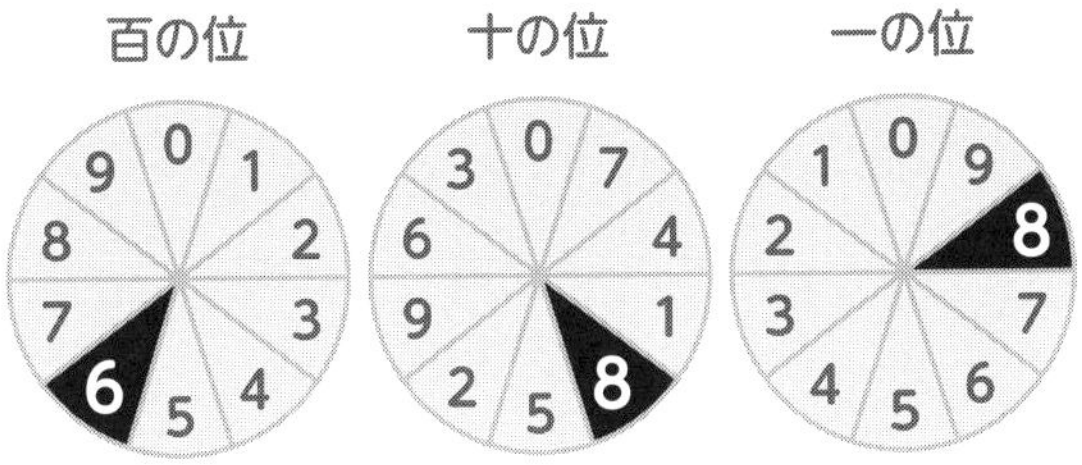

「688」の百の位の当選番号は「6」です。「5」と「7」が「6」を挟んでいます。つまり、抽選機の矢がちょっとズレれば「5」や「7」になる可能性があった数字です。

「5」や「7」の欄に「×」印を記入します。

一の位の当選番号は「8」ですから「8」は「7」と「9」で挟んでいますので、「7」と「9」の欄に「×」印を記入します。

さて十の位の「8」ですが、抽選機の数字の配列は百の位と一の位とは大きく異なっています。「8」は「1」と「5」で挟まれていますので、「1」と「5」の欄にそれぞれ「×」印を記入します。

「339」「112」…と順次、同じような方法で表に○と×を記入していきます。

Ⓒの箇所に書かれている「2・6」は何を表しているのでしょうか。

これは直近5回の数字、「097・857・430・831・785」の中で、一度も出現していない数字を示しています。

Ⓓの箇所は、先ほど「○」印と「×」印を記入しましたが、「○」印を1ポイント、「×」

印を0・5ポイントとして、各数字の合計したものです。

❺は❹のポイントを大きい順に並びかえたものです。同じポイントならどうすればいいか説明しましょう。

今回のケースでは、「0・3・6」は同じ6・0ポイントです。ポイントが同じなら、「○」印と「×」印の数を調べます。そして○印と×印の多い数字を上位ランクとします。「0」は「○」印が2個、「×」印が8個で合計10個です。「3」は「○」印が4個、「×」印が4個で合計8個です。「6」は「○」印が2個、「×」印が8個で合計10個です。合計数の多いほうを上位ランクにするのがルールです。「0」は10個、「3」は8個、「6」は10個ですから、この3つの数字では「3」が下位ランクです。

「0」と「6」は○印と×印が同じです。○印と×印が同数の場合は、直近の当選数字で出現している数字を上位ランクとします。表を見ると3回前の当選数字は「430」となっており、「0」が出現していますので、「0」と「6」では「0」を上位ランクとします。

直近の数字が「006」でしたら「0」が2個出現していますので、「0」が上位ランクとなり、「016」というように「0」も「6」も出現したケースでは、さらに直近の当選数字を調べていきます。

表A ナンバーズ3 数字判定表

6251回～ 6260回

	本数字
	688
	339
	112
	642
	974
直近5回	097
	857
	430
	831
	785

A

C: 2 6

○印＝1P　×印＝0.5P

B

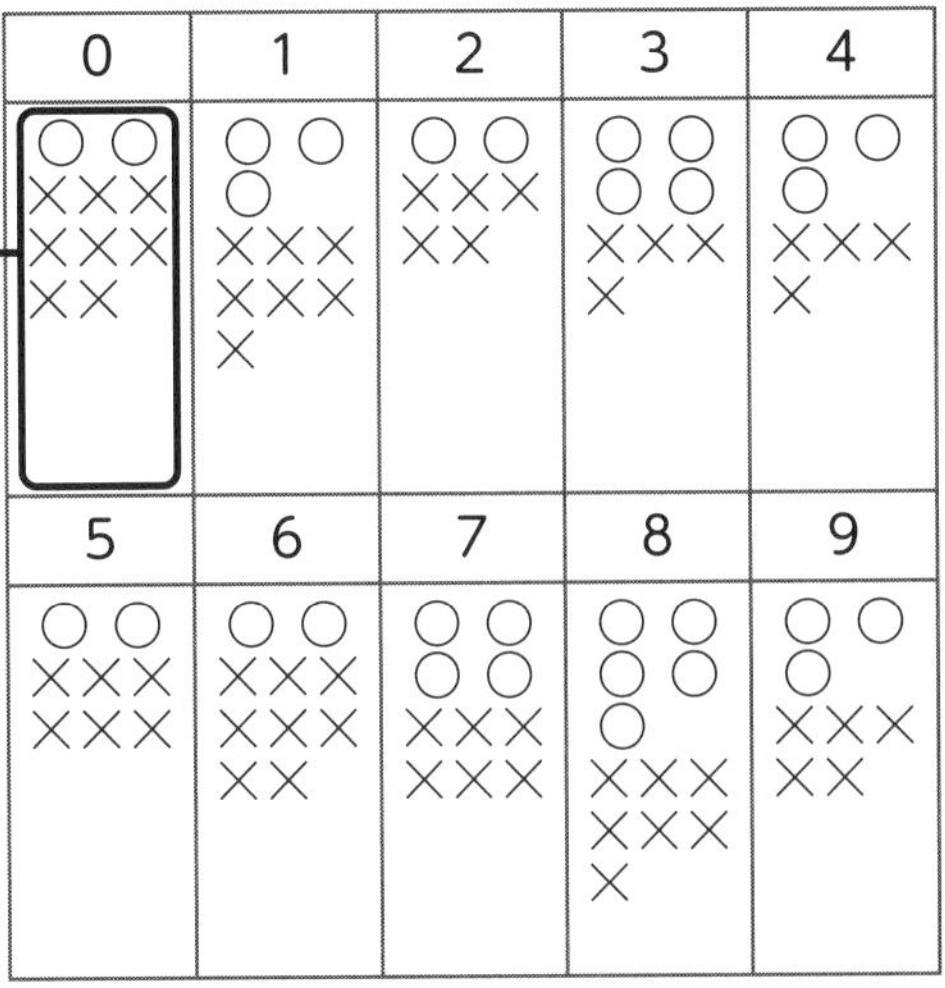

D

0	1	2	3	4	5	6	7	8	9
6.0	6.5	4.5	6.0	5.0	5.0	6.0	7.0	8.5	5.5

E

3位　4位

8	7	1	0	6	3	9	5	4	2
8.5	7.0	6.5	6.0	6.0	6.0	5.5	5.0	5.0	4.5

中央値

注目数字　1　0　6　　9

さてポイント数をチェックしますと、「4・5」も5・0ポイントで並んでいます。○印と×印の合計数が多いのは「5」ですから「4・5」の比較では「5」が上位ランクになります。ポイントの多い順番は「8・7・1・0・6・3・9・5・4・2」と決定しました。

ここまで記入し終わりましたら、次は注目数字を4つ見つけ出していきます。

Ⓔの欄の上位2つの数字は、直近の10回で多く出現している数字です。数字の流れからは次の10回ではあまり出現しないというのが私の考え方です。

そこでまず注目したいのが、3位と4位の数字です。この場合ですと「1」と「0」が該当しますので、注目数字として浮上させます。

Ⓔの欄には「中央値」として太く囲まれている箇所があります。ここは平均的な数字として考えています。「6」と「3」です。

先ほど、Ⓒの欄で直近5回の抽選数字で一度も出現していない数字として「2・6」と記入しました。この数字と「中央値」の数字を比較し、ダブっている数字を注目数字として浮上させます。

ここまで「1」「0」「6」の3つが浮上しました。あとひとつは「中央値」のひとつ隣、すなわち7位の数字を浮上させます。「9」ですね。つまり、第6251回〜第6260

回の10回の分析から「1・0・6・9」の4つの数字を浮上させ、次回からの10回、第6261回から6270回のナンバーズ3では、この4つの数字が要注意ということになるのです。

◉ランクの決定と注目数字の決定方法のまとめ

ここでもう一度ランクの決定と注目数字の決定方法のおさらいをしておきましょう。

〈ランクの決定方法〉

①「222」や「888」のようなゾロ目が出現した次の数字が起点となります。起点から10回分の抽選数字をひとつのグループとし、その数字を調べていきます。

②当選数字として浮上した数字を○印、抽選機において隣り合わせになった数字を×印として表に記入していきます。

③○印は1ポイント、×印は0・5ポイントとして数え、それぞれの数字をポイント化していきます。

④同じポイントになった場合は、○印と×印のトータルの数を数え、数の多い数字を上

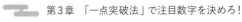

位ランクとします。

⑤○印の数と×印の数がまったく同数になった場合は、直近の当選数字を調べ、先に登場した数字を上位ランクとします。同時に出現した場合はさらにさかのぼって当選数字を調べていきます。

※同数になった数字が「1」「2」で直近の当選数字が「112」のような場合は「1」も「2」の同時に出現していますが、「1」が2個出現しているので、「1」が上位ランクとなります。

〈注目数字の決定方法〉

①3位と4位にランクされた数字をまずは浮上させます。

②直近5回の当選数字で一度も出現していない数字を調べ、その数字を中央値（5位・6位）の数字と比較します。

③中央値と比較して同じ数字があればその数字を3つ目、4つ目の注目数字とします。ひとつしか一致しない場合は4つ目の注目数字は7位の数字とします。

④中央値とひとつも一致しない場合は、その数字を注目数字とします。3つ以上あった

場合は下位ランクから2つの数字を注目数字とします。

次のページに「注目数字」を決定するために使用する白表を載せておきました。コピーしてご使用ください。

ナンバーズ3　予想書き込み表

回～　　回

本数字

直近5回

○印＝1P　×印＝0.5P

0	1	2	3	4
5	6	7	8	9

0	1	2	3	4	5	6	7	8	9

3位　4位

中央値

注目数字

２０２４年に注目したい数字はこれだ！

ナンバーズ3や4は、２０２３年9月18日の抽選で６３００回を迎えています。ナンバーズ3は「０００」から「９９９」までの１０００個の数字の中から抽選されますので、確率が１０００分の１であることは42ページですでに紹介しました。

しかし２０２３年9月18日現在、６３００回も抽選されているにもかかわらず、一度も出現したことのない数字が４つあります。

「１２０・４６７・５４１・８９４」です。

このように１回も登場していない数字が存在しているのに対し、「３５５・９２８・５８９」のような番号は２０２３年9月末現在、「３５５」は15回、「９２８・５８９」は14回も当選しています。

10回以上当選している数字は１００を超えます。

その中で「５８９」はボックスでは47回も飛び出していることに気づきました。さらに、

「０４６」や「８７８」のように、２回連続して当選している数字もあります。ボックスに目を向けてみますと、「０８９」は60回以上も当選しています。

しかし「１２０・４６７・５４１・８９４」が一度も出現していないのは不思議です。

◆当選回数が多い……「３５５・９２８・５８９」
◆１回も当選なし……「１２０・４６７・５４１・８９４」

この数字を比較してみますと「５８９」と「８９４」は数字がひとつしか異なっていません。ボックスで一番多く当選している「０８９」にも「８９」が含まれていることを考えれば、「８９４」は、２０２４年に非常に注目したい数字のひとつです。

さて、２０２３年は「５８５」に注目と前著『ロト・ナンバーズ攻略』で紹介しました。第６２６４回（２０２３年7月28日抽選）で「５５８」が当選数字として登場し、ボックスの当選となっています。

「５８５」という数字を違った角度から分析してみましょう。

「５８５」の一の位だけが異なる「５８９」は、ボックスでは過去47回も当選しています。さらに、「３５５」はストレートの当選回数が非常に多い数字です。以上のような理由から、「５８５」は２０２３年に引き続き２０２４年も注目したい数字です。

「467」「541」は2023年9月末現在、一度もストレートでは当選していません。

この2つの数字も前著では注目し、2023年1月から9月末の間に2回ボックス当選していました。この2つの数字は引き続き注目していきたい数字と考えます。

つまり2024年は、「894」「585」「467」「541」の4つの数字が注視していきたい番号です。

2023年9月末現在、ナンバーズ3の抽選回数は6309回を数えます。ナンバーズ3のストレートの当選確率は1000分の1です。確率的に考えればどの数字も6〜7回は当選してもいい計算です。

しかし一度もストレートに当選していない数字があるいっぽう、10回以上も当選している数字があるのも現実です。

サイコロでたとえるならば、約6000回の抽選回数なんて、4回振った程度の数です。偏った数字が出るのも当然です。

2024年は、これまでストレートで出ていない数字、「894」「467」「541」の3つの数字を注視しながら、数字の流れから「585」に注目したいと考えております。

ミニの数字はナンバーズ3の本数字で決定される

ナンバーズ3の当選数字の十の位と一の位は、ミニの当選数字と同じ番号となっています。ミニは「00」から「99」までの100通りの数字の中から当選数字が決定され、ナンバーズ3のような当選数字の順不同、いわゆる「ボックス」は存在していません。

2023年1月4日、第6117回のナンバーズ3（ミニ）の抽選結果から、9月末日まで、約180回を調べてみますと、まだ一度も出現していない数字がありました。

これが上記にまとめました「02・04・13・36・49・54・56・59・65・71・87・98」の12個の数字です。

02	04	13
36	49	54
56	59	65
71	87	98

ミニの当選確率が100分の1です。約180回分の抽選結果ということは、確率的にはすべての数字が1回ずつ出ても不思議ではないことになります。しかしまだ、

この12個の数字が1回も出現していません。**反対に「09」や「37」「84」「88」は5回も9月末日の時点で飛び出しています。**抽選回数が多くなれば、どの数字の出現回数は当選確率に近づいていくのが確率の世界の考え方です。

5回も当選数字として現れている数字があり、1回も当選数字として現れていない数字とのバランスは、当選回数を重ねていくうちに解消されるということなのです。

この本を読者が手にしたときには、さらに抽選が進んでいますので、この12個の数字から当選数字が出ている可能性は高いです。

ぜひ、当選数字の流れをチェックしてみてください。

ではこの12個の数字はどのように活用すればいいでしょうか。抽選回数を重ねていけば必ずといっていいほど、この12個の数字は当選数字として登場することは予測できます。しかし9月30日時点では12個の数字が残っています。12個すべての数字をミニで買い続けるには資金的にも無理があります。そこで1つになるまで待ち続け、その時点から残った数字をミニで追いかけてみたらどうでしょうか。

配当的には約1万円が期待できますので、50回程度は追いかけ続けても大丈夫な計算です。

もうひとつ残った数字を活用する方法があります。**それがナンバーズ3での「ストレート」です。残った1つのミニの数字をナンバーズ3の十の位と一の位に固定して購入する方法です。**

先ほど説明しました「注目数字」の4つと組み合わせる4通りの買い方などがオススメです。たとえば「注目数字」が「1・2・3・4」と仮定しましょう。先ほどの12個の数字から「04」が最後の1つまで残ったとしますと、注目数字との組み合わせ「104・204・304・404」という4つの数字を購入します。

もし「102」という数字がナンバーズ3の当選数字と決定されたなら、ミニの「02」も同時に当選することになります。

※2023年11月30日現在、「02」「49」は当選数字として出現しましたので、残りは10個となっております。

ネットだけで購入できる「着せかえクーちゃん」

「着せかえクーちゃん」は街中の宝くじ売り場では発売されず、ネットのみでの販売となっています。ナンバーズ4の電動式風車型抽選機を使用し、数字の下には「ミカン」「メロン」「ブドウ」「モモ」「リンゴ」の5つの絵柄が描かれています。5つの絵柄が万の位、千の位、百の位、一の位でどのように現れるかを予測し、4つの絵柄が当選絵柄となります。

1口は100円となり、数字選択式宝くじの中では一番安い宝くじです。

当選絵柄のパターンを分類すると次のようになります。

①すべてバラバラの絵柄……120通り
②絵柄がワンペアで残りはバラバラ……360通り
③ペアの絵柄がダブル……60通り
④同じ絵柄が3つある……80通り
⑤すべての絵柄が同じ……5通り

これを見ると、絵柄がワンペアで残りがバラバラである組み合わせが一番多いことがわかります。すなわち②のパターンが確率的には出現する可能性が高いことになります。しかし360通りもあるとどの絵柄を選んでいいかわかりません。

では第1絵柄はどのような絵柄を選べばいいでしょうか?

ここで登場するのも「一点突破法」です。901回の着せかえクーちゃんの第1絵柄を考えるとき、900回からさかのぼって、第1絵柄は、「メロン」「ブドウ」「リンゴ」「ブドウ」「メロン」「リンゴ」「メロン」「ミカン」でした。この8回の絵柄の中では「モモ」が登場していません。となれば、901回の第1絵柄は「モモ」が「一点突破法」から浮上した絵柄となります。

901回の第1絵柄は「モモ」が当選絵柄として登場しています。

第4章

ナンバーズ4
完全攻略法

ナンバーズ4は「ボックス」を狙うのが得策だ！

ナンバーズ4の「ストレート」は、当選確率が1万分の1ですので、4つの数字をズバリ的中させるのは難しいものです。当選したときの当選金は期待値から200円で90万円を高いのですが、一筋縄ではいかないのは事実です。

ナンバーズ4では、4つの当選数字を順不同でも当選となる「ボックス」をまずは狙っていくべきだと考えています。

ボックス数字をタイプ別に組み合わせを分けてみますと、

①すべての数字が異なる
②同じ数字1組の組み合わせがあり残りの数字が異なる
③同じ数字2組の組み合わせ
④同じ数字が3つある

⑤すべての数字が同じ（ゾロ目）

の4つのパターンに分けられます。

①の「すべての数字が異なる」パターンは、「1234」「5678」というように、4つの数字はバラバラで、同じ数字がないパターンを指します。その組み合わせは210通りあります。

②の「同じ数字1組の組み合わせがあり残りの数字が異なる」は「1123」や「1223」というような、1組の同じ数字があり、残り2つの数字はバラバラというパターンです。この組み合わせは360通りあります。

③の「同じ数字2組の組み合わせ」は「1122」や「2233」というような、2組のゾロ目数字の組み合わせの数字を指し、この組み合わせは45通りあります。

④の「同じ数字が3つある」は、「1112」「2223」というような、ゾロ目崩れの組み合わせのことを指します。この組み合わせは90通りあります。

⑤の「すべての数字が同じ（ゾロ目）」は「1111」「2222」のことを指し、この組み合わせは10通りあります。

表A

①	すべて数字が異なる	210通り
②	同じ数字が２つで後は異なる	360通り
③	２つの同じ数字が２組	45通り
④	同じ数字が３つ	90通り
⑤	すべて同じ数字	10通り
合計		715通り

以上をひとつの表にまとめたものが【表A】となり、「ボックス」の数字の組み合わせは合計で715通りあります。

このように、ナンバーズ4は「ストレート」の当選数字の組み合わせは1万通りの中では1通りしかありませんが、「ボックス」は715通りです。

当選確率は約417分の1となり、ナンバーズ3の「ストレート」の1000分の1の2倍以上の当選確率となります。

「ボックス」の当選を狙い、あわよくば「ストレート」の当選も狙うのが効率的ではないかと考えています。1つの数字で「ストレート」と「ボックス」が狙える「セット」の購入をナンバーズ4でもお勧めします。

当選金から考察する当選番号の姿を知る

ナンバーズ4の「ボックス」では、前述のように①から⑤までの5つの当選数字の組み合わせがあります。

確率的には「1122」や「2233」のような③のパターンのほうが「1112」や「2223」のような④のパターンのより低いものですが、最近の傾向を眺めてみると、確率と当選金はあまり比例していないような結果が続いています。

第6263回は2882が当選数字で、ボックスの当選金は11万7900円に対し、第6291回は1115が当選数字で10万3900円といった具合です。

しかし④のパターンは、第6260回で1121の当選数字で8万5700円の回もあれば、第6288回のように4044で29万1000円が飛び出し、大きな差はありますが、どちらも理論値の3万7500円は大きく上回っています。

また②のパターンは、ボックスの中では一番確率が高いパターンですが、当選金の傾向を見ると、多くの場合で理論値の3万7500円を超えており、このパターンも面白いと考えています。

2024年から注目したい数字はこれだ！

2023年9月末現在、ナンバーズ4はナンバーズ3と同様に、6309回行われています。ボックスの当選確率は約417分の1ですから、どの数字も平均15回程度出現してもいい計算です（6309÷417＝15・12…）。

【図A】は「同じ数字が3つ」「2つの同じ数字が2組」「同じ数字が2つで後は異なる」の3つのパターンで、2023年9月末現在、まだ一度も出ていない、ナンバーズ4のボックスの数字を一覧表にしたものです。ここに書かれている数字は、平均15回は出現してもおかしくない確率にもかかわらず、1回も当選していない数字です。

6168回では、それまで一度もボックスで登場していなかった「6366」が飛び出

表B　一度も出現していないボックス数字

すべて同じ数字	0000	3333	4444	6666
	8888	9999		
同じ数字が３つ	0002	0004	0111	2226
	2777	4555	4888	4999
２つの同じ数字が２組	0055	0077	4466	
同じ数字が２つで後は異なる	2779			

しましたが、そのときのボックスの当選金は18万6400円でした。**現在まだ出ていない「0002・0004・0111・2226・2777・4555・4888・4999」が当選数字として現れれば、同様の賞金が期待できそうです**（2777は6341回で飛び出し、ボックスの当選金は23万7900円でした）。

この中で特に気になったのは、「同じ数字が2つで後は異なる」のパターンで、また一度も当選数字として出ていない「2779」です。**2024年のナンバーズ4は、「2779」に注目していきたいと考えております。**

ちなみにゾロ目は、ボックスでは購入することができません。ストレートのみの購入となります。2023年9月末現在、「0000」「3333」「4444」「6666」「8888」「9999」の6通りがまだ一度も登場していません。

反対に、2023年9月末現在、どんな数字が当選数字として現れているのでしょうか。

【図C】は出現回数の多い数字10個をひとつの表にまとめたものです。

のべ40個の出現した数字を0〜9の数字別に調べてみますと、「0→6個」「1→4個」「2→2個」「3→0個」「4→4個」「5→5個」「6→6個」「7→3個」「8→3個」「9→6個」となっており、「0・6・7」の出現回数が多いことがわかります。

そこでこの10個の中の数字から2024年は「069」に注目したいと考えております。その数字に「9」を加え、「0699」に注目したいと考えております。

図C

0126	0679
0189	1456
0245	1656
0479	4689
0569	5789

つまり2024年のナンバーズ4は、出現頻度が低い数字の中からは「2779」、出現頻度の高い数字の中からは「0699」を狙っていきたいと考えております。

過去10回の抽選結果から注目数字を読み解く方法

当選番号にはナンバーズ3と同様に、ナンバーズ4でも流れがあります。その流れの境目となるのは、ナンバーズ3ではゾロ目が出現したときと申し上げました。**ナンバーズ4の場合は「1112」のような3つの数字がゾロ目になっているゾロ目崩れ、もしくは「1111」のような完全にゾロ目の数字が出現したときに流れが変わると考えています。**

ナンバーズ3でゾロ目が出現する確率は、1000通りの中でゾロ目は「000」「111」から「999」までの10個の数字が存在しますので100分の1です。

ナンバーズ4では「1112」や「2223」のような「ゾロ目崩れ」すなわち同じ数字が3つ出現する組み合わせは90通りです。「0000」「1111」～「9999」のようなゾロ目は10通りです。つまり、「ゾロ目崩れ」もしくは「ゾロ目」が出現する確率は90＋10／10000、すなわち100分の1で、ナンバーズ3でゾロ目が出現する確率と同じです。

ナンバーズ4では「ゾロ目」もしくは「ゾロ目崩れ」が当選番号として出た、次の回から10回分の当選数字の流れを統計の標本として浮上させます。

合計10個の当選数字を万の位、千の位、百の位、一の位で合計何回出現しているか、のべ40個の数字の出現回数を数えて○印をつけていきます。終わりましたら、古い回数から5回分の当選数字を同じように調べ、今度は×印をつけていきます（118ページ・表A参照）。つまりのべ60個の数字を調べることになり、合計のポイント数は60ポイントとなります。

すべての数字のポイント数がわかりましたら、ポイント数の多い順に並び替えます。同じポイント数の数字が出ましたら、×印の多い数字を上位ランクとします。

それでも優劣が決まらない場合は、直近の当選数字を調べ、新しい当選数字に出現した数字を調べ、新しい回に登場した当選数字と同じ数字を上位ランクとします。

たとえば「0」と「1」のポイント数が同じで、×印の数も同じだとしましょう。直近の当選数字が「9870」ですと、「0」と「1」では「0」が登場しています。つまり「0」と「1」の比較では「0」が上位ランクとなります。

もし一番新しい当選数字が「9876」のように「0」も「1」も出現していないなら、次に新しい回の当選数字を調べていき、「0」と「1」のどちらかが登場するまで調べます。「0123」のように「0」も「1」も同時に出現した場合も、次に新しい回の当選数字を調べます。同時に「0」と「1」が出現した「1102」のような数字の場合は、「1」のほうが2つ出現していますので、「1」を上位ランクとします。

ナンバーズ3のときと同様に、直近5回の当選数字の出現回数も調べていきます。直近5回の当選数字において、すべての数字が登場していましたら、直近3回の当選数字を調べ、一度も登場していない当選数字を調べます。直近3回の当選数字がもし「0123」「4567」「8999」というように「0」から「9」まで、すべての数字が出現していたケースは、ここから浮上する数字は「なし」とします。

〈注目数字の決定方法〉

ナンバーズ3のときは注目数字は4つでしたが、ナンバーズ4の場合は3つ浮上させます。まずは「4ポイントの壁」を調べ、その前の2つの数字が注目数字となります。「4ポイントの壁」とは、ポイント数を多い順に並べた場合、4ポイントの箇所を探し、そこが「4ポイントの壁」となります。

「4ポイント」に注目したのは、のべ15回分、合計60個の数字を調べ、1回あたりの平均が4回だからです。

3つめの注目数字は、直近5（3）回の当選数字から浮上した数字が、どこにランクされているかチェックします。ポイント4以下にランクされているケースは失格とします。「4ポイントの壁」から浮上した数字以外で、直近5（3）回の当選数字から浮上した数字がある場合は、その数字を3つめの数字として浮上させます。

ここまでチェックしまして、まだ3つめの数字が決定できない場合は、「中央値」に注目し、まだ浮上していない数字のなかで下位ランクの数字を浮上させます。中央値とは、ナンバーズ3のときにも登場しましたが、ランク5位、6位の箇所です。

下位ランクがすでに「4ポイントの壁」から浮上していた場合は、上位ランク、5位の数字が浮上となります

ここまでチェックしてもまだ浮上する数字が決定しない場合は、まだ数字の流れは大きく変化していない可能性があるため、ランク1位の数字を3つめの数字として決定します。

ナンバーズ4の注目数字を浮上させる

実際に過去の当選数字を使いながらナンバーズ4の「注目数字」の出し方をみていきましょう。基本的な作業はナンバーズ3と似ています。

第6260回の抽選で「1121」が飛び出しました。ゾロ目崩れの番号の出現です。ナンバーズ4ではここで数字の流れがリセットされるものと考えるのがルールです。この回を基準として10回分の当選数字を調べていきます。

この場合、基準となる抽選回は第6260回です。ということは、第6261回から第6270回までの10回の当選数字を抽出し、そこから注目数字を見つけ出していけば良いということになります。

次のページの【表C】をご覧ください。当選数字は第6261回から第6270回までの数字を並べたものです（Ⓐ）。

表C ナンバーズ4 予想書き込み表　6261回～6270回

○印＝1P　×印＝1P

Ⓐ

	本数字
	9793
	5867
	2882
	8071
	8549
直近5（3）回	7169
	3090
	3805
	0369
	5294

Ⓒ ➡ ① ⑦

Ⓑ

0	1	2	3	4
○○ ○○ ○×	○○ ×	○○ ○× ×	○○ ○○ ×	○○ ×

5	6	7	8	9
○○ ○○ ××	○○ ○×	○○ ○○ ×× ×	○○ ○○ ○○ ×× ×× ×	○○ ○○ ○○ ○× ××

Ⓓ

0	1	2	3	4	5	6	7	8	9
6	3	5	5	3	6	4	7	11	10

⬇

4ポイントの壁

Ⓔ

8	9	⑦	5	0	②	③	6	4	1
11	10	7	6	6	5	5	4	3	3

中央値

⑦　②　③

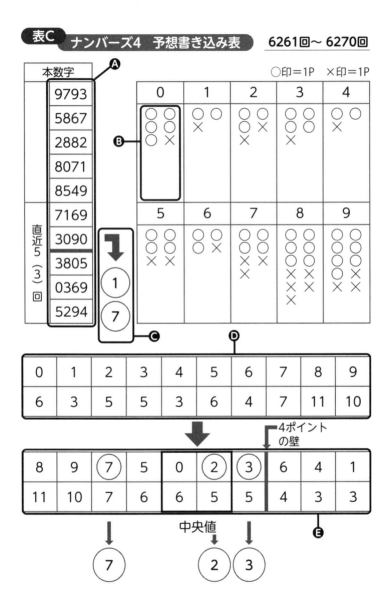

◉基本の判定表の作成方法

表の記入方法ですが、「9793」なら右の表の欄の「9」「7」「9」「3」の箇所に「○」印をつけていきます。10回分、「5294」まで記入が終わりましたら、次は「×」をつけていきます。ナンバーズ4の「×」印は、10の当選数字の中で、先に抽選された5回分の当選数字、すなわち「9793」「5867」「2882」「8071」「8549」が対象となります。

この5つの当選数字を同じようにして印をつけていきます（Ⓑ）。「0」は○印が5回、×印が1回ですから「0」の箇所には6と記入します。「1」は○印が2回、×印が1回ですから3となります。このように「0」から「9」までの出現回数をそれぞれ記入したものがⒹとなります。

さてここでⒸの欄に書かれている「1」「7」という数字について説明しておきましょう。

これはナンバーズ3の場合と同様に、直近の5回で1回も当選数字に表れていない数字を調べていきます。しかし今回のケースでは、直近5回の当選数字は「0」から「9」まですべて出現しています。

このような場合は、直近3回の当選数字を調べ、同様に一度も出現していない数字を調べるのがルールです。「3804」「0369」「5294」からは「1」「7」が一度も登場していないことがわかります。

そこで「1」「7」と❸の箇所に記入します。

さて❺の欄に目を移していきましょう。こちらは❹で調べました出現回数を回数の多い順番に並び替えたものです。しかし「5」と「0」、「2」と「3」は登場回数がともに同じです。

このように同数の出現回数になったときには、×印の回数の多いものを上位ランクとします。「5」と「0」でしたら×印は「5」が2個、「0」が1個ですから「5」は「0」より上位ランクとなります。

同様に、「2」と「3」も×印の数を調べ、「2」の×印は2個、「3」の×印は1個ですので、「2」が「3」より上位ランクとなります。

×印の数は同数の場合は、直近の当選数字を調べ、出現した数字を上位ランクとします。

◉注目数字を浮上させる

さて注目数字を浮上させていきましょう。

まずはのべ4回登場している箇所を調べ、その前にランクされている2つの数字を浮上させます。

4回登場している箇所を116ページでも申し上げましたが「4ポイントの壁」と呼びます。Ⓔの欄をチェックしますと、6番の箇所に「4ポイントの壁」があることがわかります。その前の2つの数字、「2」と「3」が注目数字として浮上させます。

ナンバーズ4では3つの数字を注目数字として浮上させるのがルールです。

3つ目の数字を浮上させていきましょう。

3つの目の数字はルールから、Ⓒの欄から浮上した数字が中央値にランクされていたらその数字になります。

「1」と「7」がⒸの欄から浮上していることがわかります。ここから浮上した数字が「4ポイントの壁」の前にあるかどうかを調べます。つまり4ポイント以下かどうかを調べるのです。4ポイント以下でしたら失格となります。

この2つの数字をチェックすると、「7」番は7ポイントで上から数えて3番目にランク、

「1」は3ポイントで最低ランクになっています。「4ポイントの壁」以下の数字は失格となるのがルールですから、3つめの注目数字は「7」となります。

この数字判定表からは2番、3番、7番が注目数字と決定されました。つまり第6271回から6280回のナンバーズ4では「2・3・7番」が当選数字として登場する可能性があるということになります。

第6273回では「3793」と「7」番と「3」番が当選。第6276回では「5677」で「7」番がダブルで当選数字として当選しています。

先ほど2024年のナンバーズ4では「2779」と「0699」に注目したいと申し上げました。この2つの数字の中に、注目数字が含まれているときは当選数字として登場する可能性が高いのではないでしょうか。

次のページにナンバーズ4の「注目数字」を決定するのに使用する表の白表を載せておきました。コピーしてご使用ください。

表D ナンバーズ4 予想書き込み表

回〜　　　回

本数字	
直近5（3）回	

○印＝1P　×印＝1P

0	1	2	3	4
5	**6**	**7**	**8**	**9**

0	1	2	3	4	5	6	7	8	9

↓

中央値

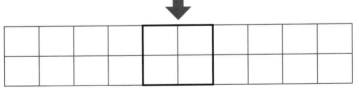

ナンバーズ4を「一点突破法」で攻略する

ナンバーズ4もナンバーズ3と同様に、「一点突破法」で攻略することが可能です。注目する数字を見つけ出す方法は「ナンバーズ3」のときと同じ要領ですが、ここでは少し視点を変えた活用方法を紹介しましょう。

第6262回のナンバーズ4と購入しようとした場合です。

直近のナンバーズ4の当選数字は、

第6261回⇓9793
第6260回⇓1121
第6259回⇓9334

このようになっていました。この3回のナンバーズ4で登場していない数字は、「0」「5」

「6」「8」です。118ページの表から6261回から6270回の注目数字は「2・3・7番」となっています。つまり第6262回はこの3つの数字に注意しなければならないわけですので、「0・5・6・8番」と「2・3・7番」との組み合わせを考えてみます。「056×」「058×」「068×」「568×」の×印に「2・3・7番」を入れていきます。すなわち、

「0562」「0563」「0567」、
「0582」「0583」「0587」、
「0682」「0683」「0687」、
「5682」「5683」「5687」

の12個の数字に注目するのです。第6262回の当選数字は「5867」で、ボックスに見事当選となります。

もちろん「一点突破法」の基本パターンである、1つの数字まで絞り込んでも、第6262回のナンバーズ4の数字を絞り込むことは可能です。第6258回からさらに当選数字を調べていくと、

第6258回⇓2247　第6256回⇓5241
第6257回⇓3416　第6255回⇓9760

ここで「8」だけが1つだけ当選数字として登場していないことがわかります。つまり第6262回のナンバーズ4では「8」が「一点突破法」から浮上した数字となります。「8番」と注目数字の「2・3・7番」との組み合わせを考えても、当選数字である「5867」に近づくことができます。

このように「一点突破法」で1つの数字を絞り込むことにより、当選数字に一歩でも二歩でも近づくことが可能となるのです。

第5章

ミニロト完全攻略法

1等と3等で大きな差が出るミニロト

ミニロトは31個の数字の中から異なる5個の数字を選択して1口として購入します。選択した5個の数字と5個の抽選数字（本数字）が一致すれば1等に当選することになり、その当選確率は16万9911分の1となります。

しかし**5つの抽選数字がズバリ一致しないと、大きな当選金が期待できないのも、ミニロトの特徴です**。この点は非常に大切なことなので、前著『ロト・ナンバーズ攻略AI必勝法』でも紹介しましたが、もう一度紹介してみようと思います。左記は私が実際に3等に当選したくじのコピーです。1等の当選金と3等の当選金との違いに注目してください。

この回の抽選数字（本数字）は「6・10・20・22・31」というものでした。1等は5つの数字がズバリ一致したものです。その当選金は4000万円とミニロトの上限金額になっています。しかし私が購入していた数字は「2・10・20・22・31」です（上から4つめ）。抽選数字と4つ一致した3等の当選です。

本数字	06 10 20 22 31
ボーナス数字	01
1等の当選金	4000万円
3等の当選金	1万3300円

当選金は1万3300円です。たったひとつ違いで、これほどの当選金の差が出るのがミニロトの特徴です。

この現象はこの回に限ったことではありません。4000万円といった高額の当選金ではないものの、1等の当選金約1000万円に対し、当選数字のひとつ違いの3等は約1万円程度です。

確かに48ページで紹介しました期待値とほぼ同じような金額ですが、感覚的にはもっと当選金が高いのではないかと思う人も少なくありません。

ミニロトの当選数字の流れの傾向をつかむ

ではミニロトはどのように攻略していけばいいのでしょうか。

まずは当選数字（本数字）を3つのゾーンに分類し、どのような流れで当選数字が出現しているかを確認するのが、1等当選への近道ではないかと考えています。

ミニロトの申込カードの配列は、左の段が1から10、左から2番目の段が11から20、左から3番目の段が21から30、そして一番右には31だけが選択できるようになっています。それを【表A】のように、Aゾーン、Bゾーン、Cゾーンの3つに分けていくのが私の考え方です。

Aゾーンとは、当選数字が1から10、Bゾーンは10から20、Cゾーンは21~31ということになります。

先ほどの当選数字「6・10・20・22・31」は、「A・A・B・C・C」となります。このように3つに分けることによって当選数字の流れが見えてきます。

表A

Aゾーン	Bゾーン	Cゾーン	
1	11	21	31
2	12	22	
3	13	23	
4	14	24	
5	15	25	
6	16	26	
7	17	27	
8	18	28	
9	19	29	
10	20	30	

【表B】は2023年の1月から9月末まで、38回分のミニロトの5つの当選数字（本数字）と1等の当選金をひとつの表にまとめ、A、B、Cのそれぞれのゾーンから3つ以上当選数字に絡んでいる箇所にアミをかけたものです。その中で白抜き数字になっている箇所は、同じゾーンから4つの数字が出現した箇所です。

表B

	回	第1数字	第2数字	第3数字	第4数字	第5数字	1等賞金
1月	1214	5	9	10	19	26	8,762,100
	1215	1	2	3	5	20	14,095,300
	1216	10	12	18	25	28	13,678,000
	1217	8	10	14	20	25	10,427,500
2月	1218	1	3	4	7	11	4,498,800
	1219	9	10	13	21	29	13,498,600
	1220	2	5	11	12	30	6,357,400
	1221	4	11	13	21	26	7,226,200
3月	1222	4	18	23	26	28	11,177,000
	1223	1	11	21	26	31	5,362,800
	1224	1	5	8	11	22	6,332,900
	1225	1	7	15	29	31	9,503,500
4月	1226	2	5	13	18	21	10,211,900
	1227	1	5	11	20	26	5,034,200
	1228	1	4	18	19	26	13,997,700
	1229	1	5	7	12	27	7,891,900
5月	1230	4	18	21	22	23	16,895,400
	1231	1	14	20	21	31	10,109,100
	1232	4	5	17	27	29	9,049,100
	1233	3	8	17	19	23	6,570,900
	1234	4	14	15	27	28	5,847,800
6月	1235	8	12	17	22	28	13,407,000
	1236	1	18	19	30	31	13,032,400
	1237	2	9	10	25	31	11,521,300
	1238	13	16	19	21	25	16,172,800
7月	1239	7	9	11	18	30	6,505,800
	1240	13	15	20	27	30	22,829,200
	1241	1	2	3	7	27	7,709,000
	1242	5	7	18	19	27	10,421,700
8月	1243	2	4	13	15	20	19,592,300
	1244	2	6	9	11	19	6,581,500
	1245	10	11	16	29	30	9,906,500
	1246	16	17	20	21	28	40,000,000
	1247	9	15	23	26	30	10,082,000
9月	1248	2	4	5	14	25	11,624,900
	1249	7	9	11	14	21	7,177,800
	1250	2	12	13	19	23	15,493,300
	1251	3	4	5	30	31	6,117,200

表C ミニロトの当選数字の出現パターン

	Aゾーン	Bゾーン	Cゾーン
	1～10	11～20	21～31
Aゾーンが0個の場合	…	…	○○○○○
	…	○	○○○○
	…	○○	○○○
	…	○○○	○○
	…	○○○○	○
	…	○○○○○	…
Aゾーンが1個の場合	○	…	○○○○
	○	○	○○○
	○	○○	○○
	○	○○○	○
	○	○○○○	…
Aゾーンが2個の場合	○○	…	○○○
	○○	○	○○
	○○	○○	○
	○○	○○○	…
Aゾーンが3個の場合	○○○	…	○○
	○○○	○	○
	○○○	○○	…
Aゾーンが4個の場合	○○○○	…	○
	○○○○	○	…
Aゾーンが5個の場合	○○○○○	…	…

【表C】はミニロトの当選数字の出現パターンをまとめたものです。この表から私が特に注目しているパターンはアミをかけました、

- Aゾーンが0個、Bゾーンが2個、Cゾーンが2個
- Aゾーンが0個、Bゾーンが3個、Cゾーンが2個
- Aゾーンが1個、Bゾーンが1個、Cゾーンが3個
- Aゾーンが1個、Bゾーンが3個、Cゾーンが1個
- Aゾーンが2個、Bゾーンが0個、Cゾーンが3個
- Aゾーンが2個、Bゾーンが3個、Cゾーンが0個
- Aゾーンが3個、Bゾーンが0個、Cゾーンが2個
- Aゾーンが3個、Bゾーンが1個、Cゾーンが1個
- Aゾーンが3個、Bゾーンが2個、Cゾーンが0個

以上9つのパターンです。これらのパターンに共通しているのは、A、B、Cのいずれかのゾーンから3つ当選数字が出現している点です。

数字の流れから2024年の当選数字を予測する

この表から何が見えてくるでしょうか。

ほとんどの回において、A、B、Cのいずれかのゾーンから3つ以上の当選数字が出現していることがわかります。

2023年1月から9月末まで、38回ミニロトの抽選がありました。そのうち、A、B、Cのゾーンから3つの数字が当選したのが19回ありました。2回に1回の割合です。

19回の内容を見てみると、

◆Aゾーン⇓10回
◆Bゾーン⇓5回
◆Cゾーン⇓4回

となっています。Aゾーンを中心に出現していることがわかります。

同じゾーンから4つ以上出現した回は3回ありますが、いずれもAゾーンから出現しています。

次に5つの当選数字の中で、一番数字の若い番号は、どのゾーンに位置しているかを調べてみますと、38回中35回がAゾーンから出現しています。Bゾーンからは3回で、Cゾーンからは一度も出現していません。

そのCゾーンですが、Cゾーンの31番は申込カードではひとつだけ、はみ出た位置にあります。その31番は38回中5回も出現していることがわかります。

◉今後のミニロトの注目数字はコレだ！

さて、今までの検証結果をまとめてみますと、次のような傾向が見られることがわかりました。

①2回に2回、A、B、Cのいずれかのゾーンから3つの数字が出現している
②Aゾーンからの出現は約90％
④31番が38回中5回出現している

以上3点です。

これらの注意点を意識しながらミニロトを購入すれば、高額当選に少しでも近づけるのではないでしょうか。

先ほど申し上げました3つのポイントは2022年でも同様な結果が出ていました。そこで2024年も2023年に引き続き、次の2つの数字に注目してみたいと思います。

ひとつは、2回に1回の割合で各ゾーンから3つ以上の当選数字が出現し、またAゾーンから約90％の頻度で出現していた点に注目した数字です。もうひとつは、A、B、Cゾーンから当選数字が出現し、さらに31番を加えた数字です。

つまり2024年に私が注目したいミニロトの5つの数字は、

◆「3・4・5・18・22」「4・5・13・22・31」

です。2023年には第1251回で「3・4・5・30・31」が出現し、もう少しで高額当選になるところでした（4ページの当選券のコピー参照）。

ビンゴ5での数字の流れから当選数字の傾向を探る

ビンゴ5は【表D】のように8つのゾーンからそれぞれ1つずつの数字を選択し、ビンゴゲームのように、当選数字によって、タテ・ヨコ・ナナメが何列成立するかによって、当選金が決定されます。8つの数字がすべて一致すると8ラインが成立し、1等の当選となります。当選確率は39万625分の1となり、ミニロトと比較すると倍以上低い当選確率です。しかし、ミニロトとは違い、成立したライン数によって7等まで用意されていますので、残念賞の当選金を受け取るチャンスが多いというメリットもあります。

表D

Aゾーン	Bゾーン	Cゾーン
Dゾーン	FREE	Eゾーン
Fゾーン	Gゾーン	Hゾーン

表E

	A	B	C	D	E	F	G	H
第298回	1	6	12	18	23	30	33	38
第299回	3	9	12	17	23	27	35	36
第300回	1	7	15	17	21	29	35	37
第301回	5	6	12	16	25	29	32	40
第302回	4	6	12	18	24	29	33	36
第303回	5	7	11	17	23	26	31	40
第304回	5	9	15	20	24	28	32	38
第305回	1	9	14	16	22	27	31	39
第306回	2	9	15	18	22	30	35	36
第307回	2	9	11	16	21	30	35	38
第308回	5	7	13	20	21	26	32	36
第309回	5	7	12	17	24	26	31	40
第310回	3	8	12	16	24	29	31	36
第311回	2	8	15	17	24	29	33	38
第312回	4	9	14	17	21	29	35	39
第313回	2	7	14	16	21	28	31	38
第314回	3	7	15	16	22	29	34	36
第315回	4	7	11	19	21	27	35	39
第316回	3	7	14	17	22	26	33	36
第317回	2	7	14	17	22	29	35	38
第318回	1	8	11	18	22	29	34	37
第319回	4	10	11	18	25	28	35	38
第320回	3	10	11	17	23	28	33	36
第321回	3	10	14	18	24	29	35	38
第322回	4	8	14	20	24	26	31	36
第323回	5	9	15	20	21	27	35	40
第324回	5	6	14	16	25	30	35	40
第325回	2	7	11	19	23	28	31	39
第326回	2	6	12	18	23	28	32	37
第327回	2	10	13	20	22	30	35	38
第328回	4	8	11	16	21	26	35	38
第329回	4	9	14	18	24	28	32	39
第330回	3	6	13	16	23	29	32	39
第331回	3	8	15	20	24	27	35	36
第332回	4	9	13	19	25	26	35	37
第333回	3	6	12	16	21	28	34	36
第334回	3	10	13	17	22	26	34	36
第335回	4	8	12	17	22	26	34	38
第336回	4	9	13	20	21	28	33	38

139ページの【表E】をご覧ください。これは2023年1月から9月末まで実施された39回分のビンゴ5の当選数字を、ゾーン別にひとつの表にまとめたものです。

アミかけの部分は、ゾーンをまたいで連番になっている箇所を表しています。全部で12箇所、約3分の1の出現率です。これをどう見るかですが、私は少ないと感じています。

また○印をつけた所は、Bゾーンでは10、Dゾーンでは20、Fゾーンでは30、Hゾーンでは40がどの程度出現しているかを示しています。39回の抽選回に対し、10は5回、20は7回、30は5回、40は4回それぞれ出現しています。それぞれのゾーンでは5つの数字がありますので、出現回数は7〜8回と比較すると少ないことがわかります。「10・20・30・40」の出現回数が少ないということは、逆に考えれば、2024年は出現回数が増えていくのではないでしょうか。先ほどの連続した番号を加味し、次の5つの番号が狙い目です。

◆「1」「10」「11」「20」「21」「30」「31」「40」

◆「2」「10」「11」「20」「21」「30」「31」「40」

◆「3」「10」「11」「20」「21」「30」「31」「40」

◆「4」「10」「11」「20」「21」「30」「31」「40」

◆「5」「10」「11」「20」「21」「30」「31」「40」

第6章

ロト6完全攻略法

ロト6で1等当選に近づくための重点項目

ロト6は1～43までの数字の中から異なる6つの数字を選択し、抽選による抽選番号と一致しているかどうかという数字選択式宝くじです。販売金額によって各等級に振り分けられた当選金に対し、当選者がいないケースではその金額が次回のくじの当選金に上乗せされるという「キャリーオーバー」があるのもロト6の特徴です。これは宝くじ史上初めてのことです。

ロト6は、2000（平成12）年10月に第1回の抽選が行われ産声をあげました。現在は月曜日と木曜日、週2回抽選が行われるようになっていますが、このように週2回の抽選制度になったのは、2011（平成23）年4月4日の抽選分からです。

当選確率は609万6454分の1と、ミニロトと比較し約35倍もの低い確率ですが、キャリーオーバー時には6億円と、年末ジャンボ並みの高額当選が期待できる宝くじです。

当選確率の数字をそのまま受けとめると、一筋縄ではいきそうもない宝くじですが、数字の流れを見ると色々なことがわかります。
一歩でも二歩でも高額当選に近づく注目数字をひもといていきましょう。

表A

Aゾーン	Bゾーン	Cゾーン	Dゾーン	
1	11	21	31	41
2	12	22	32	42
3	13	23	33	43
4	14	24	34	
5	15	25	35	
6	16	26	36	
7	17	27	37	
8	18	28	38	
9	19	29	39	
10	20	30	40	

◉当選数字を申込カードから4つに分けてみる

ロト6の申込カードを見ると、5つの列から6個の数字を選択できるようになっています。ミニロトと同じような配列となっており、一番右側には41から43までの3つの数字が配列されています。この5つの列をミニロトのとき区分けしましたように、ゾーンを分けていきます。

【表A】をご覧ください。
ロト6では1～10をAゾーン、11～

20をBゾーン、21〜30をCゾーン、31〜43をDゾーンにします。

第1792回の当選数字「1・4・16・31・32・41」でしたら、「A・A・B・D・D・D」となります。このようにAからDまでにゾーンを分けることにより、数字の流れが明確に見えてきます。

ロト6の抽選は1〜43までの数字が書かれた抽選球を抽選機に入れ、43個の球をよくかくはんしてから抽選数字を決めていきます（その模様は宝くじ公式サイトで配信されています）。

ロト6の抽選ですが、抽選番号の偏りを防ぐために、43個の球をひとつのセットにし10セットが用意されています。ロト6の専門誌などで「セット球A」や「セット球B」と書かれているのは、A〜Jまでの10セットの中で、どのセット球が使用されたかを示しています。A〜Jのそれぞれのセット球の色は、たとえば「1（01）」の場合、Aセットでは赤、Bセットでは黄色、Cセットでは橙色《だいだいいろ》というように異なっています。ロト6の当選数字をどのセット球を使用したか、その点に注目し当選数字を分析する方法も考えられそうですが、残念ながらどのセット球を使用するかは、抽選開始までわかりませんので、セット球はロト6の攻略には直接的には影響がないと考えています。

セット球はミニロトやロト7でも10セット用意されています。

◉Aゾーンと41から43の数字には注意が必要！

２０２３年5月15日抽選、第１７９２回のロト６の当選数字（本数字）から40回分（9月30日まで）の６つの数字の流れをひとつにまとめたものが【表B】となります。

１等賞金の欄を見るとキャリーオーバーや６億円の当選金が多く出現しており、いかにロト６の１等当選が難しいかがわかります。

次に【表C】をご覧ください。アミをかけた箇所は抽選数字が「41」「42」「43」であることを示しています。

白抜き数字は、第１数字（６個の抽選数字で一番数字の若い番号）がBゾーン（11〜20）やCゾーン（21〜30）になっている箇所を示しています。

40回中、21回の抽選回で「41」「42」「43」のいずれかの番号が抽選番号となっていることがわかります。21回と約２回に１回はこの３つの数字が出現しているわけです。

第１の数字の白抜き数字は40回中8箇所あります。

40回中32回はAゾーン（1〜10）から当選数字が出現しています。

つまり【表C】から、Aゾーン（1〜10）の数字と「41・42・43」は抽選数字として登場する可能性が高いことが読み取れます。

表B

回	第1数字	第2数字	第3数字	第4数字	第5数字	第6数字	1等当選金
1792	1	4	16	31	32	41	キャリーオーバー
1793	1	6	14	15	23	24	471,004,800
1794	24	29	32	35	36	40	200,000,000
1795	26	30	31	35	41	43	キャリーオーバー
1796	2	5	15	16	23	26	600,000,000
1797	15	23	26	34	41	43	キャリーオーバー
1798	4	5	19	32	34	37	537,761,200
1799	11	18	34	40	41	42	キャリーオーバー
1800	6	12	13	15	17	41	キャリーオーバー
1801	18	25	26	37	39	43	キャリーオーバー
1802	1	9	34	35	39	42	600,000,000
1803	9	16	18	19	39	41	381,595,900
1804	12	14	18	25	36	42	キャリーオーバー
1805	4	22	27	31	32	40	キャリーオーバー
1806	11	30	35	38	40	43	キャリーオーバー
1807	1	2	8	9	10	20	182,247,300
1808	2	10	27	38	40	41	200,000,000
1809	2	5	10	22	24	42	255,706,700
1810	4	17	26	30	31	43	キャリーオーバー
1811	2	4	6	13	20	38	キャリーオーバー
1812	10	13	18	28	36	39	372,892,500
1813	5	22	26	34	39	42	キャリーオーバー
1814	1	2	13	21	23	31	159,510,400
1815	3	8	10	25	26	29	キャリーオーバー
1816	2	21	25	34	35	40	キャリーオーバー
1817	6	24	30	33	37	38	キャリーオーバー
1818	2	11	23	25	34	36	338,006,100
1819	5	8	18	20	24	34	キャリーオーバー
1820	5	10	30	35	36	41	キャリーオーバー
1821	9	11	12	14	27	38	366,131,200
1822	5	18	21	22	26	42	200,000,000
1823	4	10	18	25	34	38	キャリーオーバー
1824	6	7	13	18	25	43	516,962,700
1825	1	10	13	17	20	41	114,153,400
1826	7	14	18	19	22	25	キャリーオーバー
1827	1	13	18	23	38	41	キャリーオーバー
1828	1	6	9	16	18	22	600,000,000
1829	12	15	16	17	28	42	351,361,300
1830	4	10	23	29	31	36	キャリーオーバー
1831	1	14	17	27	32	43	245,962,100

表C

回	第1数字	第2数字	第3数字	第4数字	第5数字	第6数字	1等当選金
1792	1	4	16	31	32	41	キャリーオーバー
1793	1	6	14	15	23	24	471,004,800
1794	24	29	32	35	36	40	200,000,000
1795	26	30	31	35	41	43	キャリーオーバー
1796	2	5	15	16	23	26	600,000,000
1797	15	23	26	34	41	43	キャリーオーバー
1798	4	5	19	32	34	37	537,761,200
1799	11	18	34	40	41	42	キャリーオーバー
1800	6	12	13	15	17	41	キャリーオーバー
1801	18	25	26	37	39	43	キャリーオーバー
1802	1	9	34	35	39	42	600,000,000
1803	9	16	18	19	39	41	381,595,900
1804	12	14	18	25	36	42	キャリーオーバー
1805	4	22	27	31	32	40	キャリーオーバー
1806	11	30	35	38	40	43	キャリーオーバー
1807	1	2	8	9	10	20	182,247,300
1808	2	10	27	38	40	41	200,000,000
1809	2	5	10	22	24	42	255,706,700
1810	4	17	26	30	31	43	キャリーオーバー
1811	2	4	6	13	20	38	キャリーオーバー
1812	10	13	18	28	36	39	372,892,500
1813	5	22	26	34	39	42	キャリーオーバー
1814	1	2	13	21	23	31	159,510,400
1815	3	8	10	25	26	29	キャリーオーバー
1816	2	21	25	34	35	40	キャリーオーバー
1817	6	24	30	33	37	38	キャリーオーバー
1818	2	11	23	25	34	36	338,006,100
1819	5	8	18	20	24	34	キャリーオーバー
1820	5	10	30	35	36	41	キャリーオーバー
1821	9	11	12	14	27	38	366,131,200
1822	5	18	21	22	26	42	200,000,000
1823	4	10	18	25	34	38	キャリーオーバー
1824	6	7	13	18	25	43	516,962,700
1825	1	10	13	17	20	41	114,153,400
1826	7	14	18	19	22	25	キャリーオーバー
1827	1	13	18	23	38	41	キャリーオーバー
1828	1	6	9	16	18	22	600,000,000
1829	12	15	16	17	28	42	351,361,300
1830	4	10	23	29	31	36	キャリーオーバー
1831	1	14	17	27	32	43	245,962,100

◉1口も当選がないキャリーオーバーは2回に1回起きている!

1等の当選者がいない、すなわち1口も1等の当選番号がないキャリーオーバーは【表B】の40回の抽選結果からわかるように21回も出現しています。つまり約2回に1回は一人も的中者がいないキャリーオーバーになっているのです。すなわち6個の抽選番号(本数字)と一致した人がひとりもいないことを示しています。

そこでキャリーオーバーになっている抽選数字に注目し、その特徴を調べてみました。

【表D】は21回の当選者が1口もいなかった、キャリーオーバーになった回の抽選数字をひとつの表にまとめたものです。アミをかけてある箇所は、A、B、C、Dのそれぞれのゾーンの中から3つ以上出現していることを示しています。

さらに「41」「42」「43」の箇所は太字の数字にしてあります。

21回のキャリーオーバーの中では15回、AからDに分けたそれぞれのゾーンの中から3つ以上の当選数字が出ています。そして「41」「42」「43」の数字が登場しているのは、21回中12回です。3つ以上、同じゾーンから抽選番号が出ていなくて、「41」「42」「43」の3つの数字も出ていなくてキャリーオーバーになっているのは、1819回、1823回、1830回の3回だけです。

表D

回	第1数字	第2数字	第3数字	第4数字	第5数字	第6数字	1等当選金
1792	1	4	16	31	32	**41**	キャリーオーバー
1795	26	30	31	35	**41**	**43**	キャリーオーバー
1797	15	23	26	34	**41**	**43**	キャリーオーバー
1799	11	18	34	40	**41**	**42**	キャリーオーバー
1800	6	12	13	15	17	**41**	キャリーオーバー
1801	18	25	26	37	39	**43**	キャリーオーバー
1804	12	14	18	25	36	**42**	キャリーオーバー
1805	4	22	27	31	32	40	キャリーオーバー
1806	11	30	35	38	40	**43**	キャリーオーバー
1810	4	17	26	30	31	**43**	キャリーオーバー
1811	2	4	6	13	20	38	キャリーオーバー
1813	5	22	26	34	39	**42**	キャリーオーバー
1815	3	8	10	25	26	29	キャリーオーバー
1816	2	21	25	34	35	40	キャリーオーバー
1817	6	24	30	33	37	38	キャリーオーバー
1819	5	8	18	20	24	34	キャリーオーバー
1820	5	10	30	35	36	**41**	キャリーオーバー
1823	4	10	18	25	34	38	キャリーオーバー
1826	7	14	18	19	22	25	キャリーオーバー
1827	1	13	18	23	38	**41**	キャリーオーバー
1830	4	10	23	29	31	36	キャリーオーバー

この21回のキャリーオーバーから何がわかるでしょうか。

ロト6を購入する人の多くは、「41」「42」「43」や同じゾーンから3つ以上選択することをしていないということがわかります。一人も当選者がいないということは、多くの人は嫌う数字の選択肢ということになります。それを逆手にとり、「41」「42」「43」や同じゾーンから3つ以上の数字を選択して購入することで、高額当選に近づけるのではないでしょうか。

◉キャリーオーバーの後の当選数字にも特徴がある

キャリーオーバーになると1等の当選金も大きくなるため、申し込み口数も増えていく傾向にあります。通常回のロト6では1等当選金の上限が2億円ですが、キャリーオーバーが発生すると一気に6億円までになります。しかし1等6億円が狙えるといっても当選確率が変化するわけではありません。

ここで、キャリーオーバー直後の抽選回はどのような当選数字で終わっているか調べてみることにしましょう。

【表E】をご覧ください。

表E

回	第1数字	第2数字	第3数字	第4数字	第5数字	第6数字	1等当選金
1793	1	6	14	15	23	24	471,004,800
1796	2	5	15	16	23	26	600,000,000
1798	4	5	19	32	34	37	537,761,200
1802	1	9	34	35	39	**42**	600,000,000
1807	1	2	8	9	10	20	182,247,300
1812	10	13	18	28	36	39	372,892,500
1814	1	2	13	21	23	31	159,510,400
1818	2	11	23	25	34	36	338,006,100
1821	9	11	12	14	27	38	366,131,200
1824	6	7	13	18	25	**43**	516,962,700
1828	1	6	9	16	18	22	600,000,000
1831	1	14	17	27	32	**43**	245,962,100

これはキャリーオーバーが発生し、次回の当選回において1口以上の当選者が現れたときの当選数字をまとめたものです。

その傾向を調べてみますと、1口も当選者が存在しないキャリーオーバーのときの当選数字とは異なる傾向があることがわかります。

特に「41」「42」「43」の数字の出現は少なくなっています。

また3つ以上同じゾーンから出現している数字にも、あまり偏った傾向が見られません。

キャリーオーバーが出た直後の回では、

> ①A、B、C、Dのいずれかのゾーンから3つ以上の当選数字がある
> ②41・42・43のいずれかの数字がある

はそれほど注視する必要はないと思われます。

◉当選数字は連続して登場するのか？

6個の当選数字（本数字）が決まると、次回の抽選回には6個の抽選数字は連続して抽

選番号になっているか、そのあたりを分析しているロト6の研究家がいらっしゃると聞いております。

私も気になり、その数字の流れを検証してみました。それをひとつの表にまとめたものが**【表F】**です。

アミのかかっている箇所は、前回の当選番号が連続して出現した数字を表しています。この表は1792回から1831回までの40回のものですが、25回が前回の6つの数字のどれかひとつが連動していることがわかります。

つまり約2回の1回以上は6つの当選数字は次回にも当選数字になっていることがわかります。

ロト6は数字を選択する指針がないと、なかなか当選数字に近づくことは難しいものです。この結果から、6つの当選数字は次回も注意する必要があると私は考えています。

表F

回	第1数字	第2数字	第3数字	第4数字	第5数字	第6数字	1等当選金
1792	1	4	16	31	32	41	キャリーオーバー
1793	1	6	14	15	23	24	471,004,800
1794	24	29	32	35	36	40	200,000,000
1795	26	30	31	35	41	43	キャリーオーバー
1796	2	5	15	16	23	26	600,000,000
1797	15	23	26	34	41	43	キャリーオーバー
1798	4	5	19	32	34	37	537,761,200
1799	11	18	34	40	41	42	キャリーオーバー
1800	6	12	13	15	17	41	キャリーオーバー
1801	18	25	26	37	39	43	キャリーオーバー
1802	1	9	34	35	39	42	600,000,000
1803	9	16	18	19	39	41	381,595,900
1804	12	14	18	25	36	42	キャリーオーバー
1805	4	22	27	31	32	40	キャリーオーバー
1806	11	30	35	38	40	43	キャリーオーバー
1807	1	2	8	9	10	20	182,247,300
1808	2	10	27	38	40	41	200,000,000
1809	2	5	10	22	24	42	255,706,700
1810	4	17	26	30	31	43	キャリーオーバー
1811	2	4	6	13	20	38	キャリーオーバー
1812	10	13	18	28	36	39	372,892,500
1813	5	22	26	34	39	42	キャリーオーバー
1814	1	2	13	21	23	31	159,510,400
1815	3	8	10	25	26	29	キャリーオーバー
1816	2	21	25	34	35	40	キャリーオーバー
1817	6	24	30	33	37	38	キャリーオーバー
1818	2	11	23	25	34	36	338,006,100
1819	5	8	18	20	24	34	キャリーオーバー
1820	5	10	30	35	36	41	キャリーオーバー
1821	9	11	12	14	27	38	366,131,200
1822	5	18	21	22	26	42	200,000,000
1823	4	10	18	25	34	38	キャリーオーバー
1824	6	7	13	18	25	43	516,962,700
1825	1	10	13	17	20	41	114,153,400
1826	7	14	18	19	22	25	キャリーオーバー
1827	1	13	18	23	38	41	キャリーオーバー
1828	1	6	9	16	18	22	600,000,000
1829	12	15	16	17	28	42	351,361,300
1830	4	10	23	29	31	36	キャリーオーバー
1831	1	14	17	27	32	43	245,962,100

ロト6を「一点突破法」で攻略する！

ロト6も1つの数字を予測し、「一点突破法」で攻略することが可能です。

第1831回のロト6を予測しようと考えた場合、どの数字が「一点突破法」で絞り込むことができるのでしょうか。

【表G】をご覧ください。

ロト6は「1」から「43」の43個の数字の中から6つの数字を選択しますので、43個の数字から出現した数字を消していきます。

第1831回の1つ前の当選数字は第1830回です。第1830回の当選数字は「4・10・23・29・31・36」ですから、43個の数字の中からこの6つの数字を消していきます。第1829回の当選数字は「12・15・16・17・28・42」ですからさらに6つの数字を消します。第1828回の当選数字は「1・6・9・16・18・22」ですから、こちらの数字も消していきます。

つまり第1830回、第1829回、1828回からは、「1・4・6・9・10・12・15・16・17・18・22・23・28・29・31・36・42」の17個の数字が消えたことになります。

このような要領で1813回まで次々と消していきますと、「32」だけがたった1つ残ることがわかります。

つまり**「一点突破法」から第1831回のロト6では「32」が注目数字ということになるのです。**第1831回の当選数字は「1・14・17・27・32・43」となり、しっかりと「一点突破法」で注目した「32」番が当選番号として出現しました。

表G

回	第1数字	第2数字	第3数字	第4数字	第5数字	第6数字
1813	5	22	26	34	39	42
1814	1	2	13	21	23	31
1815	3	8	10	25	26	29
1816	2	21	25	34	35	40
1817	6	24	30	33	37	38
1818	2	11	23	25	34	36
1819	5	8	18	20	24	34
1820	5	10	30	35	36	41
1821	9	11	12	14	27	38
1822	5	18	21	22	26	42
1823	4	10	18	25	34	38
1824	6	7	13	18	25	43
1825	1	10	13	17	20	41
1826	7	14	18	19	22	25
1827	1	13	18	23	38	41
1828	1	6	9	16	18	22
1829	12	15	16	17	28	42
1830	4	10	23	29	31	36
1831	1	14	17	27	32	43

2024年のロト6ではこの数字に注目せよ

これまでさまざまな視点からロト6の当選数字の流れを検証してきました。その結果をまとめますと、次のようになると考えています。

①「41・42・43」のいずれかの数字に注目する
②A、B、C、Dのいずれかのゾーンの中から3つ選択する
③6つの選択した数字の中には前回の当選数字を入れる
④Aゾーンからは1つ以上の数字を選択する

以上4点となります。これは前著『ロト・ナンバーズ攻略AI必勝法』でも紹介したものですが、2023年に引き続き2024年も同じような傾向が続くと考えられます。

そこで私は、2024年は次の2パターンの数字に注目していきたいと思っております。

◆Aパターン⇓「1・3・4・5・8・X」
◆Bパターン⇓「4・X・Y・22・42・43」

Aパターンは Aゾーンから5つの数字を選択したものです。Bパターンは「41・42・43」から2つの数字を選択し、他をアトランダムに選択したものです。「4」と「22」が入っているのは、私の誕生日が4月22日だからです。

XやYは任意の数字を選択します。③のルールから、前回の当選数字を選択するのもいいでしょう。

Column 宝くじをすべて買い占めた人物

宝くじで100％1等の当選金を射止めることができる方法があります。それはすべての宝くじを買い占めることです。しかし1等を射止めることができても、金額的に儲けることは不可能です。日本の場合、宝くじの当選金の総額は売り上げの50％程度だからです。

しかし過去に発売された宝くじを買い占め、実際に高額当選金を獲得した人物がいます

フランスの哲学者、ヴォルテール（1694～1778）です。彼は国が発行する宝くじの当選確率を計算し、すべての宝くじを買い占めると約100万リーブル（約10億円）儲かるという主催者側のミスに気づき、多額の借金をし、すべての宝くじを買い占めたのです。しかし真相を知った当時の大蔵大臣は即座に当選金の支払いを止め、宝くじに当選したのにもかかわらず、高額当選金が支払われることはありませんでした。おまけにヴォルテールは主催者側から詐欺罪で訴えられたのです。しかし彼は宝くじのしくみを合理的に活用しただけなので、彼は無罪判決となり、最終的に、50万リーブル（約5億円）をＧＥＴしたという記録があります。

第7章

ロト7完全攻略法

ロト7で1等当選に近づくための重点項目

ロト7は2013（平成25）年4月1日に発売された数字選択式宝くじで、すでに発売されたナンバーズやミニロト、ロト6などの1口200円とは異なり、1口300円です。そのため、1等の当選金は上限金額が6億円となり、キャリーオーバーがあるときには上限金額が10億円となっています。

◉当選数字を申込カードから4つに分けてみる

ロト7の申込カードをミニロトやロト6のときと同様にチェックしますと、4つの列から異なる7個の申込数字を選択できるようになっています。ミニロトやロト6と同じような配列となっており、一番右側には31から37までの7つの数字が配列されています。

この4つの列をミニロトやロト6と同様にゾーンを分けていきます。

【表A】をご覧ください。

表A

Aゾーン	Bゾーン	Cゾーン	Dゾーン
1	11	21	31
2	12	22	32
3	13	23	33
4	14	24	34
5	15	25	35
6	16	26	36
7	17	27	37
8	18	28	
9	19	29	
10	20	30	

ロト7では1～10をAゾーン、11～20をBゾーン、21～30をCゾーン、31～37をDゾーンとします。

第505回の当選数字「9・10・12・15・16・28・36」でしたら、「A・A・B・B・B・C・D」となります。このようにAからDまでにゾーンを分けることにより、ロト7でも数字の流れが明確に見えてきます。

ロト7の抽選は1～37までの数字が書かれた37個の抽選球を抽選機に入れ当選数字を決めていきます。ロト7の抽選も、当選番号の偏りを防ぐために、144ページで申し上げたとおり、37個の球をひとつのセットにし10セットが用意されています。

◉Dゾーンの31から37の数字には注意が必要

2023年1月6日抽選、第504回のロト7の当選数字（本数字）から9月22日までの抽選分、39回分の7つの数字の流れをひとつにまとめたものが【表B】となります。1等当選金の欄を見るとキャリーオーバーや10億円の当選金が多く出現しているように、ロト6以上に1等当選が難しいことがわかります。

次に【表C】をご覧ください。アミをかけた箇所は、当選数字はDゾーン、すなわち

表B

回	第1数字	第2数字	第3数字	第4数字	第5数字	第6数字	第7数字	1等当選金
504	1	3	4	5	6	29	31	10億円
505	9	10	12	15	16	28	36	0
506	8	14	19	22	29	31	37	10億円
507	4	19	25	26	30	32	36	10億円
508	1	5	6	9	16	26	31	10億円
509	10	14	22	26	27	32	33	0
510	3	5	9	11	17	33	37	0
511	1	9	14	24	28	36	37	0
512	5	7	17	22	25	26	28	10億円
513	1	4	10	13	15	19	37	0
514	1	5	10	17	20	27	37	10億円
515	3	15	17	22	26	27	28	0
516	7	12	15	16	18	25	36	10億円
517	3	6	10	16	26	29	31	0
518	5	8	11	24	30	32	36	10億円
519	1	2	8	14	17	21	34	0
520	9	22	25	28	33	34	37	10億円
521	21	24	25	27	30	33	36	638,520,100
522	1	10	12	19	22	25	37	0
523	3	17	19	27	28	32	35	0
524	4	17	22	27	29	31	34	10億円
525	11	14	17	18	21	25	31	0
526	4	13	17	19	20	26	29	0
527	4	8	12	25	27	32	34	0
528	5	7	10	19	30	32	33	10億円
529	7	9	13	14	22	26	29	0
530	1	11	13	28	29	30	34	10億円
531	4	6	9	11	14	28	30	0
532	4	9	13	18	26	28	36	321,126,500
533	2	4	9	11	14	25	37	0
534	10	17	18	19	20	24	25	0
535	5	11	12	19	29	32	36	0
536	8	12	16	17	22	28	34	10億円
537	2	3	9	13	14	35	37	591,245,200
538	1	2	11	12	16	25	28	0
539	4	6	8	18	20	27	35	0
540	3	7	10	18	19	28	36	10億円
541	6	14	23	25	27	28	34	214,363,900
542	2	9	26	31	33	35	36	0

※1等当選金0は該当者なしを表しています

表C

回	第1数字	第2数字	第3数字	第4数字	第5数字	第6数字	第7数字	1等当選金
504	1	3	4	5	6	29	31	10億円
505	9	10	12	15	16	28	36	0
506	8	14	19	22	29	31	37	10億円
507	4	19	25	26	30	32	36	10億円
508	1	5	6	9	16	26	31	10億円
509	10	14	22	26	27	32	33	0
510	3	5	9	11	17	33	37	0
511	1	9	14	24	28	36	37	0
512	5	7	17	22	25	26	28	10億円
513	1	4	10	13	15	19	37	0
514	1	5	10	17	20	27	37	10億円
515	3	15	17	22	26	27	28	0
516	7	12	15	16	18	25	36	10億円
517	3	6	10	16	26	29	31	0
518	5	8	11	24	30	32	36	10億円
519	1	2	8	14	17	21	34	0
520	9	22	25	28	33	34	37	10億円
521	21	24	25	27	30	33	36	638,520,100
522	1	10	12	19	22	25	37	0
523	3	17	19	27	28	32	35	0
524	4	17	22	27	29	31	34	10億円
525	11	14	17	18	21	25	31	0
526	4	13	17	19	20	26	29	0
527	4	8	12	25	27	32	34	0
528	5	7	10	19	30	32	33	10億円
529	7	9	13	14	22	26	29	0
530	1	11	13	28	29	30	34	10億円
531	4	6	9	11	14	28	30	0
532	4	9	13	18	26	28	36	321,126,500
533	2	4	9	11	14	25	37	0
534	10	17	18	19	20	24	25	0
535	5	11	12	19	29	32	36	0
536	8	12	16	17	22	28	34	10億円
537	2	3	9	13	14	35	37	591,245,200
538	1	2	11	12	16	25	28	0
539	4	6	8	18	20	27	35	0
540	3	7	10	18	19	28	36	10億円
541	6	14	23	25	27	28	34	214,363,900
542	2	9	26	31	33	35	36	0

※1等当選金0は該当者なしを表しています

「31」から「37」の数字を表しています。

白抜き数字は、第1数字（7個の当選数字で一番数字の若い数字）がCゾーン（21〜30）になっている箇所を示しています。

39回中、32回の抽選回で「31」〜「37」のいずれかの番号が当選数字となっていることがわかります。このゾーンは他のゾーンより3個数字が少ないです。それでも約82％の頻度でDゾーンから数字が出現しているのです。

第1の数字の白抜き数字は39回中1箇所しかありません。**つまり39回中38回はAゾーン（1〜10）から当選数字が出現していることがわかります。**

つまり【表C】から、Aゾーン（1〜10）の数字と「31」から「37」は抽選数字として登場する可能性が高いことが読み取れます。

◉1口も当選がないキャリーオーバーは2回に1回起きている

1等の当選者がいない、すなわち1口も1等の当選番号がいないキャリーオーバー回は、【表B】の39回の抽選結果からわかるように21回も出現しています。つまり約2回に1回以上は1人も的中者がいないキャリーオーバーになっているのです。すなわち7個の抽選番号（本数字）と一致した人が1人もいないことを示しています。

そこでキャリーオーバーになっている抽選数字に注目し、その特徴を調べてみました。**【表D】**は21回の当選者が1口もいなかった、キャリーオーバーになった回の抽選数字をひとつの表にまとめたものです。アミをかけてある箇所は、A、B、C、Dのそれぞれのゾーンの中から3個以上出現していることを示しています。

さらに「31」～「37」の箇所は太字の数字にしてあります。

21回のキャリーオーバーの中では、AからDに分けたそれぞれのゾーンの中から3つ以上の当選数字が16回の抽選回で出ています。

3つ以上、同じゾーンから抽選番号が出ていないのは、第511回、第517回、第522回、第523回、第527回の5回です。**この5回に共通するのはすべて「31」から「37」が当選数字として現れています。**

この21回のキャリーオーバーから何がわかるでしょうか。ロト7を購入する人の多くは、Dゾーンである「31」から「37」の数字や同じゾーンから3つ以上選択することをしていないということがわかります。

ロト7もロト6と同様に、この傾向を逆手にとり、Dゾーンの「31」から「37」の数字

表D

回	第1数字	第2数字	第3数字	第4数字	第5数字	第6数字	第7数字	1等当選金
505	9	10	12	15	16	28	**36**	キャリーオーバー
509	10	14	22	26	27	**32**	**33**	キャリーオーバー
510	3	5	9	11	17	**33**	**37**	キャリーオーバー
511	1	9	14	24	28	**36**	**37**	キャリーオーバー
513	1	4	10	13	15	19	**37**	キャリーオーバー
515	3	15	17	22	26	27	28	キャリーオーバー
517	3	6	10	16	26	29	**31**	キャリーオーバー
519	1	2	8	14	17	21	**34**	キャリーオーバー
522	1	10	12	19	22	25	**37**	キャリーオーバー
523	3	17	19	27	28	**32**	**35**	キャリーオーバー
525	11	14	17	18	21	25	**31**	キャリーオーバー
526	4	13	17	19	20	26	29	キャリーオーバー
527	4	8	12	25	27	**32**	**34**	キャリーオーバー
529	7	9	13	14	22	26	29	キャリーオーバー
531	4	6	9	11	14	28	30	キャリーオーバー
533	2	4	9	11	14	25	**37**	キャリーオーバー
534	10	17	18	19	20	24	25	キャリーオーバー
535	5	11	12	19	29	**32**	**36**	キャリーオーバー
538	1	2	11	12	16	25	28	キャリーオーバー
539	4	6	8	18	20	27	**35**	キャリーオーバー
542	2	9	26	**31**	**33**	**35**	**36**	キャリーオーバー

や同じゾーンから3つ以上の数字を選択して購入することで、高額当選に近づけるのではないでしょうか。

◉10億円の当選数字の特徴を調べてみる

キャリーオーバーになると1等の当選金も大きくなるため、申し込み口数も増えていく傾向にあります。通常回のロト7では1等賞金の上限が6億円ですが、キャリーオーバーが発生すると一気に10億円までに跳ね上がります。しかし1等当選金が10億円に跳ね上がったからといって当選確率などが変化するわけではありません。

ここで、10億円が飛び出したときの当選数字はどのようになっているか調べてみることにしました。

【表E】をご覧ください。

これは検証した39回のロト7の抽選回において、1等の賞金が10億円になったときの当選数字をまとめたものです。

表E

回	第1数字	第2数字	第3数字	第4数字	第5数字	第6数字	第7数字	1等当選金
504	1	3	4	5	6	29	**31**	10億円
506	8	14	19	22	29	**31**	**37**	10億円
507	4	19	25	26	30	**32**	**36**	10億円
508	1	5	6	9	16	26	**31**	10億円
512	5	7	17	22	25	26	28	10億円
514	1	5	10	17	20	27	**37**	10億円
516	7	12	15	16	18	25	**36**	10億円
518	5	8	11	24	30	**32**	**36**	10億円
520	9	22	25	28	**33**	**34**	**37**	10億円
524	4	17	22	27	29	**31**	**34**	10億円
528	5	7	10	19	30	**32**	**33**	10億円
530	1	11	13	28	29	30	**34**	10億円
536	8	12	16	17	22	28	**34**	10億円
540	3	7	10	18	19	28	**36**	10億円

その傾向を調べてみますと、10億円の賞金を射止めた人が申し込んだ数字には、一定の傾向があることがわかります。それは、

①A、B、C、Dのいずれかのゾーンから3つ以上の当選数字がある

②31〜37のDゾーンが絡んでいる

特に②の要件は、第512回以外のすべての回において該当しています。高額当選を狙うにはDゾーンを大切にしなければならないことを、この抽選結果は教えているのかも知れません。

◉当選数字は連続して登場するか？

ロト6のときと同様に、7個の当選数字（本数字）が決まると、次回の抽選回にはその7個の当選数字が連続して当選数字になっているのを、ロト7の当選数字でも調べてみました。その数字の流れを検証した結果、ひとつの表にまとめたものが【表F】です。

アミのかかっている箇所は、前回の当選数字が連続して出現した数字を表しています。この表は504回から542回までの39回分のものですが、太字にした回を除く31回が前回の7つの数字のどれかひとつと連動していることがわかります。つまり約8割の頻度

表F

回	第1数字	第2数字	第3数字	第4数字	第5数字	第6数字	第7数字	1等当選金
504	1	3	4	5	6	29	31	10億円
505	9	10	12	15	16	28	36	0
506	8	14	19	22	29	31	37	10億円
507	4	19	25	26	30	32	36	10億円
508	1	5	6	9	16	26	31	10億円
509	10	14	22	26	27	32	33	0
510	3	5	9	11	17	33	37	0
511	1	9	14	24	28	36	37	0
512	5	7	17	22	25	26	28	10億円
513	1	4	10	13	15	19	37	0
514	1	5	10	17	20	27	37	10億円
515	3	15	17	22	26	27	28	0
516	7	12	15	16	18	25	36	10億円
517	3	6	10	16	26	29	31	0
518	5	8	11	24	30	32	36	10億円
519	1	2	8	14	17	21	34	0
520	9	22	25	28	33	34	37	10億円
521	21	24	25	27	30	33	36	638,520,100
522	1	10	12	19	22	25	37	0
523	3	17	19	27	28	32	35	0
524	4	17	22	27	29	31	34	10億円
525	11	14	17	18	21	25	31	0
526	4	13	17	19	20	26	29	0
527	4	8	12	25	27	32	34	0
528	5	7	10	19	30	32	33	10億円
529	7	9	13	14	22	26	29	0
530	1	11	13	28	29	30	34	10億円
531	4	6	9	11	14	28	30	0
532	4	9	13	18	26	28	36	321,126,500
533	2	4	9	11	14	25	37	0
534	10	17	18	19	20	24	25	0
535	5	11	12	19	29	32	36	0
536	8	12	16	17	22	28	34	10億円
537	2	3	9	13	14	35	37	591,245,200
538	1	2	11	12	16	25	28	0
539	4	6	8	18	20	27	35	0
540	3	7	10	18	19	28	36	10億円
541	6	14	23	25	27	28	34	214,363,900
542	2	9	26	31	33	35	36	0

で、7つの当選数字は次回にも当選数字に絡んでいることがわかります。
この結果から、ロト6同様にロト7でも、7つの当選数字に次回も注意する必要があると私は考えています。

ロト7を「一点突破法」で攻略する！

ロト7も「一点突破法」を活用すると、大型当選金に近づくことができます。ここでは少々変わった活用方法を紹介したいと思います。

【表G】をご覧ください。

ロト7は「1」から「37」までの37個の数字の中から7つの数字を選択しますので、37個の数字の中から出現した数字を消していきます。

第461回のロト7の数字を選択しようと考えたとき、ひとつ前の回、460回の当選数字に注目します。当選数字は「5・6・9・23・27・28・30」となっていますので、まず

表G

回	第1数字	第2数字	第3数字	第4数字	第5数字	第6数字	第7数字	1等当選金
452	5	17	20	21	31	34	35	139,643,300
453	2	8	10	21	24	26	35	392,246,900
454	8	17	21	26	27	29	31	184,610,500
455	1	5	8	15	18	26	36	358,799,300
456	9	15	17	18	22	25	31	0
457	7	14	19	27	31	35	36	0
458	7	11	12	14	19	21	33	0
459	2	4	7	8	10	20	29	876,605,800
460	5	6	9	23	27	28	30	185,574,900

3	13	16	32	37

461	2	13	19	22	32	35	37	0
462	7	11	24	27	29	34	35	0
463	3	⑦	13	16	19	㉔	30	10億円

※1等当選金0は該当者なしを表しています

はこの数字を消していきます。さらに一つ前の当選数字を調べてみますと、「2・4・7・8・10・20・30」ですから、さらに新たに登場した数字、「2・4・7・8・10・20」を消していきます。

このようにして452回までさかのぼって数字を消し続けると、「3・13・16・32・37」が残っていることがわかります。さて461回はどのような当選数字が出たでしょうか？

461回の当選数字は「2・13・19・22・32・35・37」となり、「3・13・16・32・37」の数字の中から、一気に「13・32・37」が消えました。

残りの数字は「3・16」です。ロト7では、ひとつの数字になるまで調べ続けるのもいいのですが、2つ残った場合でも注目していく必要があります。

462回は「7・11・24・27・29・34・35」でしたのでまだ「3・16」は登場していません。しかし463回はどうだったでしょうか。当選数字は「3・7・13・16・19・24・30」

残っていた「3・16」が当選数字として現れています。さらに「7」と「24」は前回の462回の数字から連続した登場した数字です。

第5章では「一点突破法」についてはふれませんでしたが、「ミニロト」でも一点突破法は有効な手段です。

2024年のロト7ではこの数字に注目せよ

これまでさまざまな視点からロト7の当選数字の流れを検証してきました。その結果をまとめますと、次のようになると考えています。

①Dゾーン「31・32・33・34・35・36・37」のいずれかの数字に注目する
②A、B、C、Dのいずれかのゾーンの中から3つ選択する
③7つの選択した数字の中には前回の当選数字を入れる
④Aゾーンからは1つ以上の数字を選択する
⑤「一点突破法」から浮上した数字を入れる

以上5点となります。

以上5つのルールを意識するだけで、1等の当選数字に少しでも近づくことができると

私は思っています。

この5つの傾向は2022年でも2023年と同じような傾向が現れていました。引き続き2024年もAゾーンには特に注目していきたいと思っています。

Aゾーンで注目したい数字は「1・3・4・5・8」です。

ロト7で7つの数字を選択するとき、この5つの数字を大切にしていきたいと考えています。残りの2つの数字は自分の好きな番号や、自分にとってのラッキーナンバーなどを入れてみたらどうでしょうか。

2024年のロト7、私が注目した数字は2023年に引き続き、

「1・3・4・5・8・X・Y」（※X・Yは任意の数字）

です。

第8章

金運アップでさらに的中率を上げろ！

攻略前にまずは自身の金運をアップさせよう

宝くじの高額当選者たちの多くは、自身の金運をアップさせていることを紹介しました。年末ジャンボ宝くじなどで、高額当選を射止めている人のエピソードがネットや雑誌他で紹介されていますが、金運アップのためにそれぞれ行動を起こしている人が多いものです。

◉パワースポットで金運をアップさせる

誰もが高額当選金を当てたいという夢を叶えるために、金運アップの願いを込め、パワースポットへ行く人も少なくありません。その中で、私が気に入っているパワースポットを紹介しましょう。

まずは東京都新宿区にある「宝禄稲荷神社《ほうろくいなりじんじゃ》」です。

この神社は金運アップにご利益《りやく》がある神社ですが、外れた宝くじを供養もしています。外れくじを供養することで、結果的にさらに金運をアップさせている大変興味深い神社で

外れた宝くじ券の供養箱

外れた宝くじの供養をしている宝禄稲荷神社

「みなあたる」とも読める縁起の良い皆中稲荷神社

す。毎年5月22日には、「宝禄祭」が行われ、その日は外れた宝くじの供養が行われています。

　次に紹介したいのは、東京都新宿区にある「皆中《かいちゅう》稲荷神社」です。

　こちらの神社はホームページを見ると『江戸時代、鉄炮組与力の夢枕に稲荷様が立たれ、霊符を示し、稲荷神社にお参りをして射撃を試みたところ百発百中「皆中の稲荷」と称され、みなあたる、よくあたる神様として親しまれております』と書かれています。

「皆中」と書いて「みなあたる」とも読め、縁起の良い神社として宝くじの当選祈願に訪れる人が多いものです。

この2つの神社は、ともに東京都新宿区にあります。これほど近い地域に金運アップの神社があるのは珍しいのではないでしょうか。

◉誰もが知っている有名なパワースポット

次に全国的に有名なパワースポット2箇所紹介しましょう。

一つ目は島根県出雲市にある出雲大社《いずもおおやしろ》です。出雲大社は縁結びの神様として有名ですが、金運アップにも効果的なパワースポットで人気です。全国の神々は旧暦10月11日から17日まで7日間、出雲大社に集まるので、旧暦の10月は神無月《かんなづき》と呼ばれますが、出雲においては神在月《かみありづき》と呼ばれています。特に神在月の時期に出雲大社に訪れて、運気を引き寄せてみるのもいいかも知れません。

二つ目は、「こんぴらふねふね……」でおなじみの、香川県仲多度郡琴平町にある金刀《こと》比羅宮《ひらぐう》です。『古事記』にも登場するパワースポットのひとつです。御本宮までは785段も階段を上らなければなりません。ここでは「幸せの黄色いお守り」を授かることができ人気になっています。さらに御本宮からさらに583段、合計1368段上ると、厳魂《いずたま》神社《じんじゃ》という奥社に到着。ここでは厳魂神社限定の「天狗御守」を授与していただけます。

出雲大社や金刀比羅宮は東京から発着している寝台特急「サンライズ号」を使えば、週末でも東京から往復することができます。

金運のみならず縁結びでも有名な出雲大社

『古事記』にも登場する金刀比羅宮の奥社

◉1等がよく出る店で購入するのもポイント

年末ジャンボ宝くじでは1等当選がよく出るとして有名な宝くじ売り場が日本全国には存在しています。

関東では「西銀座チャンスセンター」（東京都中央区）、関西では「大阪駅前第4ビル特設売場」（大阪府大阪市）などが有名です。

年末ジャンボ宝くじで高額当選金がよく出る店は、金運がアップしている売り場であると思っています。数字選択式宝くじ、すなわちロト7やロト6、ナンバーズなどを購入するのであれば、高額当選がよく出る店で購入することをお勧めします。

また年末ジャンボ他、宝くじを購入すると、保管場所にも気配りしている人もいます。購入した宝くじにさらに金運を上昇させるために、開運招福袋などに入れている人もいます。数字選択式宝くじでも購入したくじの金運をアップさせるために、開運招袋などに入れておくのはどうでしょうか。

「そんなことしなくても、当たるときは当たる、外れるときは外れるから関係ないよ」なんていう人もいるかも知れません。しかし現実にパワースポットに訪れたり、開運招福袋に入れたりして金運をアップさせている人は多く、高額当選を射止めているもの現実

関東でよく高額当選が出る「西銀座チャンスセンター」

です。

また購入する日の暦を意識するのもいいでしょう。28〜29ページには金運がアップする日を紹介しました。

「一粒万倍日」「寅の日」「天赦日」がそれです。

2024（令和6）年3月15日は「一粒万倍日」「寅の日」「天赦日」のすべてが巡ってくる貴重な日となっています。このカレンダーを参考にして数字選択式宝くじを購入する日を決めるのもお勧めです。

数字選択式宝くじを攻略する重要ポイント

パワースポットへ行き、購入場所、購入日などを意識したら、今度はどのような数字を選び、数字選択式宝くじを購入すればいいかがポイントになります。

第3章から第7章にわたって、ナンバーズ3や4、ロト6や7についての攻略方法を紹介してきました。ここで特に重要な点をまとめてみました。

◉電動式風車型抽選機で当選が決定されるナンバーズ3や4

ナンバーズ3や4においては「注目数字」を浮上させることが高額当選への第一歩となります。当選数字には一定の流れがあり、それをつかむためです。当選番号の流れはナンバーズ3では「000」や「111」のような「ゾロ目」が出現したときにリセットされ、ナンバーズ4では「0001」や「1110」のような「ゾロ目崩れ」（ゾロ目を含む）が出現したときにリセットされます。そこから10回分の当選数字をそれぞれのルールによって検証し、ナンバーズ3では4つの数字を、ナンバーズでも4つの数字を「注目数字」として浮上させていきます。

ナンバーズ3は「ストレート」の当選を狙い、ナンバーズ4は「ボックス」の当選を狙います。統計学の考え方を応用し、10回ごとに「注目数字」を浮上させ、当選数字を予測していきます（詳しくは第3章、第4章参照）。

2024年のナンバーズ3では、2023年9月30日現在、今まで一度も当選していない数字「120・467・541・894」の中から「467」「541」「894」、それに加え「585」に注目したいと思います。

ナンバーズ4では、出現頻度が低い数字の中からは「2779」、出現頻度の高い数字の中からは「0699」を狙っていきたいと考えております。

◉億の当選金が毎回狙えるロト6や7

ミニロトやロト6、ロト7は高額当選金が狙えますが、当選する難易度も高くなっています。そこでまずはどのような当選数字の流れになっているか、その傾向をつかむために、当選数字をゾーンに分けてきました。その結果、

〈ミニロト〉

①Aゾーンからは1つ以上の数字を選択する

②各ゾーンのいずれから3つ数字を選択する

③31番をCゾーンからは選択する

④一点突破法（直近の当選数字の流れから当選数字として表れていない数字）から浮上した数字に注意する

〈ロト6〉

①「41・42・43」のいずれかの数字に注目する

②A、B、C、Dのいずれかのゾーンの中から3つ選択する

③6つの選択した数字の中には前回の当選数字を入れる

④Aゾーンからは1つ以上の数字を選択する

⑤一点突破法（直近の当選数字の流れから当選数字として現れていない数字）から浮上した数字に注意する

〈**ロト7**〉

①Dゾーン「31・32・33・34・35・36・37」のいずれかの数字に注目する

②A、B、C、Dのいずれかのゾーンの中から3つ以上選択する

③7つの選択した数字の中には前回の当選数字を入れる

④Aゾーンからは1つ以上の数字を選択する

⑤一点突破法（直近の当選数字の流れから当選数字として現れていない数字）から浮上した数字に注意する

このような要件に注意すると、当選数字に近づくことができるのではないかと考えています。数字選択式宝くじは「ミニ」の1万円（期待値）から、ロト7の6億円（期待値）、キャリーオーバー発生時には10億円まで、くじの性質によって色々な当選金が狙える楽しみが多い宝くじです。コツコツと少額賞金を狙い続けるのも、一発逆転で億を超えるロト6や7を購入するのも人それぞれです。どちらの宝くじを狙うにしても、しっかりと準備した上で購入すれば、当選確率はアップするのではないでしょうか。

おわりに

今回は「一点突破法」という手法を紹介しました。この方法をうまく活用することで、ナンバーズ4はナンバーズ3に、ロト7はロト6に、すなわち当選数字のひとつの数字を減らすことができます。

ロト6やロト7は1等の当選金が億を超えるくじです。本書で紹介したとおり、高額当選金の当選数字には一定の特徴があります。私はこの高額当選金を演出した数字の特徴をうまく応用し、「一点突破法」から浮上した数字と重ね合わせることで、高額当選に近づくことができるのではないかと思っています。

〝継続は力〟とはよくいったものです。野球の神様ベーブ・ルースが「あきらめない奴には、勝てないよ」という名言を残しているように、しぶとく同じ視点でナンバーズやロトに向き合うことは、最終的に自ら幸運を引き込むことになるのではないでしょうか。

1回や2回外れたからといって諦めず、幸運が舞い降りることを信じ、買い続けることが大切なのです。

何度も申し上げた通り、ナンバーズやロトは年末ジャンボ宝くじと違い、自分で数字を選択できるため、自分の力で高額当選金を引き寄せることが可能な宝くじです。つまり誰でも自力で高額当選に近づくことができるのです。さらにパワースポットでさらなる運気を吸収することができれば完璧です。

ここで本書で推奨しました、2024年で注目したい数字をまとめてみましょう。

◆ナンバーズ3＝「894」「585」「467」「541」
◆ナンバーズ4＝「2779」と「0699」
◆ミニロト＝「3・4・5・18・22」「4・5・13・22・31」
◆ロト6＝「1・3・4・5・8・X」「4・22・42・43・X・Y」
◆ロト7＝「1・3・4・5・8・X・Y」　※X・Yは任意の数字

これらの数字に一点突破法やナンバーズでしたら注目数字などをアレンジすれば、一層高額当選に近づけると思っています。

私のブログ（宝くじ参考書）では現在、ナンバーズ3と4の注目数字をアップしております。よかったらアクセスしてみてください（https://takara7777.blog.fc2.com/）。

大谷清文

統計学《とうけいがく》で当《あ》てる！ ロト・ナンバーズ
完全的中《かんぜんてきちゅう》BOOK《ブック》

発行日	2024年 1月 5日	第1版第1刷
	2024年 3月 1日	第1版第2刷

著　者　大谷《おおたに》　清文《きよふみ》

発行者　斉藤　和邦
発行所　株式会社　秀和システム
〒135-0016
東京都江東区東陽2-4-2　新宮ビル2F
Tel 03-6264-3105（販売）Fax 03-6264-3094
印刷所　日経印刷株式会社　Printed in Japan

ISBN978-4-7980-7134-3 C0076

定価はカバーに表示してあります。

乱丁本・落丁本はお取りかえいたします。

本書に関するご質問については、ご質問の内容と住所、氏名、電話番号を明記のうえ、当社編集部宛FAXまたは書面にてお送りください。お電話によるご質問は受け付けておりませんのであらかじめご了承ください。